亲子关系中的
高效学习法

姜囡囡 著

机械工业出版社
CHINA MACHINE PRESS

很多家长被紧张的亲子关系、崩溃式辅导孩子作业等问题搅得焦头烂额，常常羡慕"别人家的孩子"。好的亲子关系是经营出来的，"优等生"不是天赋异禀，而是拥有自主学习的方法。本书旨在帮助家长解决亲子关系中的难题，全力激活孩子的自主学习力，构建和谐的亲子关系。本书能让家长不督促、不吼叫孩子，孩子照样也能学习好。本书既是一本改善亲子关系的教育方法之书，又是一本培养"爱学习、会学习"的孩子的工具之书，同时也是家长进行自我修炼获得自身成长的学习之书。

图书在版编目（CIP）数据

亲子关系中的高效学习法 / 姜囡囡著. —北京：机械工业出版社，2022.1

ISBN 978-7-111-69846-3

Ⅰ.①亲… Ⅱ.①姜… Ⅲ.①学习方法–家庭教育 Ⅳ.①G791②G78

中国版本图书馆 CIP 数据核字（2021）第 253229 号

机械工业出版社（北京市百万庄大街 22 号　邮政编码 100037）
策划编辑：梁一鹏　刘　岚　责任编辑：梁一鹏　王淑花　刘　岚
责任校对：李　伟　　　　　封面设计：吕凤英
责任印制：李　昂
北京富博印刷有限公司印刷
2022 年 3 月第 1 版第 1 次印刷
169mm×239mm · 12 印张 · 211 千字
标准书号：ISBN 978-7-111-69846-3
定价：59.80 元

电话服务　　　　　　　　　网络服务
客服电话：010-88361066　　机 工 官 网：www.cmpbook.com
　　　　　010-88379833　　机 工 官 博：weibo.com/cmp1952
　　　　　010-68326294　　金 书 网：www.golden-book.com
封底无防伪标均为盗版　　　机工教育服务网：www.cmpedu.com

前言

遇见孩子，遇见更好的自己

"孩子不爱学习，沉迷于游戏，或整天玩手机，怎么办？"

"孩子无比叛逆，总是跟我们对着干，该如何是好？"

"孩子跟我们几乎是零交流，常常对我们爱搭不理，应该怎么办？"

"孩子天天学习，但没见到学习成果，该怎么办？"

"孩子缺乏自信……"

"孩子自律性很差，做事拖拉……"

以上问题，是我从事教育行业以来被问及次数最多的问题。每当看到父母满脸愁容向我咨询，且又迫切希望获得答案的眼神时，我心里就会涌现出这样一个想法：很多时候，若我们能换个角度思考，也许结果会大有不同。

但这个道理我也并非一开始就明白。

坦白来说，在刚刚踏入教育行业，接触孩子的前几年，我也经历了一段焦头烂额的时期。我像所有父母一样，竭尽全力去寻找所有有效的方法来帮助父母改变孩子，但最终效果甚微。

我也一度很焦虑，甚至很崩溃。我开始不断思考，为什么孩子这么一个小小的身体，却有如此大的"侵占力"，可以让我们将思维和精力全部聚焦到他身上。那时的孩子，在我眼中就是一个磨人的"小鬼"。

"路漫漫其修远兮，吾将上下而求索"，好在我内心无比坚定，从未因为困难而动摇过自己要通过科学的教育方式来改变千万家庭亲子关系的决心，甚至随着我国家庭亲子矛盾的不断升级，我愈加坚定了自己的梦想——让千万家庭幸福地"笑"起来。

直到有一天，我在无意中读到了一句话："教育孩子的本质实则是父母的一场修行"。

那一刻我才幡然醒悟，原来，遇见孩子，是为了遇见更好的自己。

大多数父母在教育孩子的过程中，总是以大人的角度、经验去看待孩子产生的各种问题，将孩子当成问题的"始作俑者"，想从孩子身上入手，让孩子发生改变。其实，对于每一个家庭来说，孩子犹如镜子，是父母行为的一种投射。孩子出现问题，最需要改变的是父母。

认知的巨大转变，带给我源源不断的启发。通过不断的探索、实践、实修、总结，我发现大多数父母（包括我在内）都陷入了认知思维的误区。

首先，父母在用工业时代的思维教育信息/互联网时代的孩子。

大多数80后、90后的父母成长在工业时代，他们自身在"应试教育里拼搏"，把"考个好大学""找份好工作"当成自己的人生信条，他们仍然沿用父辈的教育方式和自己的人生信条教育孩子。殊不知，他们的孩子已是"00后""10后"，这些孩子深受互联网时代的影响，个性鲜明，更加关注自我，重视话语权。显然，时代在变化，若父母的教育方式不能与时俱进，那么一定会导致孩子问题百出。

其次，很多父母并不懂科学的教育方式。

很多父母因为孩子而焦虑，他们关心教育、重视教育，甚至不惜用重金和优渥的物质条件去培养孩子，但关心、重视教育和科学教育是两码事。

所以，归根结底，孩子出现的所有问题都源自父母错误的认知和不当的教育方式。

智慧的父母应该把教育孩子的重心放到自身成长上。多年的实践、积累让我探索出一套独特的教育模式。这套独特的教育模式深受广大父母和孩子的认可，用实效改变着、影响着无数个家庭。而我也离梦想更近了一步——"唤醒父母，点亮孩子！让自己笑起来，让孩子笑起来，让千万家庭幸福地笑起来！"。

实践证明，大多数父母都停留在认知层面的误区中。他们不远千里来到我的线下课堂寻求帮助，幸运的是"始于信任，终于改变"。因此，很多父母希望我能将这些成功的育儿经验编写成书，以便帮助更多正处于焦虑、困惑中的父母。

基于以上情况，我萌生了写作此书的想法。本书结合我多年来在亲子教育中积累的经验，旨在用行之有效的方法，帮父母打造轻松的育儿之路。

本书具备以下特点：

实操性强。本书内容多以家庭教育中出现的典型情景为例，依据心理学原理及我多年在教育行业探索积累的成功经验，对父母面对的典型教育问题进行深入细致的剖析，直击教育中存在的误区，并手把手教你如何有效解决育儿"难题"。

语言生动。本书用简单、活泼、生动的语言，阐述深刻的道理。全书一改生硬的语言风格，将身边的故事娓娓道来，让你在阅读时能卸下沉重的包袱，以更加平和的心态重新审视自己，于细微之处带给你启发，让你发现美好的育儿其实并不复杂。

双管齐下。"没有能力走不动,没有动力走不远!能力只有根植于动力的土壤,才能长成参天大树!"本书与市场上亲子教育类书籍的区别,在于它既是一部改善亲子关系的教育"宝典",也是一部培养孩子"爱学习、会学习"的工具书。全书分为两篇,上篇主要介绍如何帮助父母建立和谐的亲子关系;下篇着重分析孩子学习成果不佳的底层逻辑,并有针对性地提供了大量学习工具,助力孩子科学学习,高效学习。整本书真正从"情商"和"智商"两部分培养孩子,帮助父母轻松打造真正的"双优生"。

父母在教育孩子的过程中,存在焦虑和担忧是本能,但好的教育除了爱,需要更多的智慧。所以身为母亲的我,希望不仅能从教育者的身份,更能以母亲的角色真诚地为你提供一些帮助,希望能帮你在育儿的道路上扫清障碍,让你与孩子一起成长,遇见更好的彼此——这于我便是再幸福不过的事。

最后节选一首海桑的诗送给广大父母,希望你我共勉,在育儿的道路上遇见更好的自己。

《一个小小孩》

一个小小孩,应该是满地乱滚,
满街疯跑,脸和小手都脏兮兮的,
还应该有点坏,有点不听话。
他应该长时间玩着毫无目的的游戏,
他是一只自私、可爱又残酷的小动物。
他来到世上,是为了教育我们。
让我们得以再一次生长,
而不是朽坏下去。

自序

随着"双减"政策的全面落地,家庭教育已经成为呵护孩子健康成长的一个重要组成部分。

教育也要遵循成长的规律——不可速成!自我成长、经营婚姻、陪伴孩子永远是我所倡导的使人生幸福美满的三幅地图!

我无时无刻都在提醒自己:

"在这个最好的时代,作为一个园丁,为了不让最弱小的禾苗枯萎,我要把生命中所有的经历、磨难分享出来,去点亮某一个孩子的内心,解决某一个家庭的困惑,照亮他们的未来!"

……

亲子关系决定学习成绩,师生关系决定教学质量,同伴与朋友关系决定学习质量……

亲子关系是教育中的重要一环。本书从家庭教育中的亲子关系入手,融入了我十多年间对数千个咨询案例的总结与思考,内容涵盖从动力、能力、适应力三方面入手,打造孩子的高效学习力!

倡导终身学习,不仅能解决学习问题,而且能解决生活中扑面而来的问题。

愿每一个孩子、每一个家庭都能有动力、有能力、有适应力!

谨以此书献给天下想努力变得更好的父母!谢谢你!我爱你!

目录

前言　遇见孩子，遇见更好的自己

自序

上篇　构建和谐亲子关系，建立孩子自信人生

第1章　认识自己与孩子的关系 ········· 3

你如何看待孩子　/4

亲子关系的"轮回"　/10

亲子关系的重要意义　/13

第2章　改变，从给自己和孩子「撕」标签开始 ········· 17

可怕的标签效应　/18

给孩子撕标签的第一步：撕掉自己的标签　/21

给孩子撕标签的第二步：不轻易定义孩子　/23

第3章　孩子的未来在父母的嘴里 ········· 29

是什么话让孩子缺乏自信　/30

与孩子有效沟通的法则：先"跟"后"带"　/36

说什么不重要，怎么"说"才重要　/41

语音语调能拉近与孩子的距离　/49

话语中的禁忌区　/51

第4章　学会表达第一真实情绪，而不是第二愤怒情绪 ········· 57

情绪失控的父母，是孩子一生的噩梦　/58

父母如何表达第一真实情绪 /61

父母情绪管理三部曲 /68

如何面对孩子的负面情绪 /71

第5章 育儿的本质，就是经营一段好的亲子关系 ············ 77

重装你的亲子信念系统 /78

父母间的不"忠诚"，会"摧毁"亲子关系 /82

很多亲子关系，毁在"你不信我" /85

了解爱的频道，精准地向孩子表达爱 /90

下篇 教孩子掌握正确方法，培养"爱学习、会学习"的孩子

第6章 为什么你的孩子学习成绩差 ························ 97

自我内驱力不足：孩子，你为"谁"而学 /98

学习困难：天天在学习，成绩依然不理想 /102

自控力差："熊孩子"究竟"熊"在哪 /108

第7章 决定孩子成绩的，不是智商而是注意力 ············ 113

什么是注意力 /114

孩子的注意力需要保护 /116

孩子的注意力也可以培养 /120

想提升注意力，还需重点攻克"难题" /122

第8章 让孩子能记得快、记得准、记得久 ················ 127

了解孩子的大脑 /128

记忆力提升要点：教孩子控制自己的记忆活动 /133

记忆力提升方法：对孩子进行记忆力训练 /136

第9章　教育就是教人去思维 — 145

思维决定孩子未来的高度　/146

拆除思维的藩篱，帮孩子打破消极思维　/148

培养创造性思维，让孩子的思维灵活起来　/151

有的放矢，打造孩子优秀的思维能力　/158

第10章　让孩子成为自己人生的"建筑师" — 165

让孩子自主学习，父母应该扮演什么角色　/166

找到适合孩子的黄金学习法，让孩子不怕学习　/170

点燃孩子对学习的浓厚兴趣，让孩子爱上学习　/177

后记　唤醒父母，点亮孩子 — 181

作者:庄梓夏(六六) 7岁

上篇
构建和谐亲子关系，建立孩子自信人生

第 1 章
认识自己与孩子的关系

第 2 章
改变，从给自己和孩子「撕」标签开始

第 3 章
孩子的未来在父母的嘴里

第 4 章
学会表达第一真实情绪，而不是第二愤怒情绪

第 5 章
育儿的本质，就是经营一段好的亲子关系

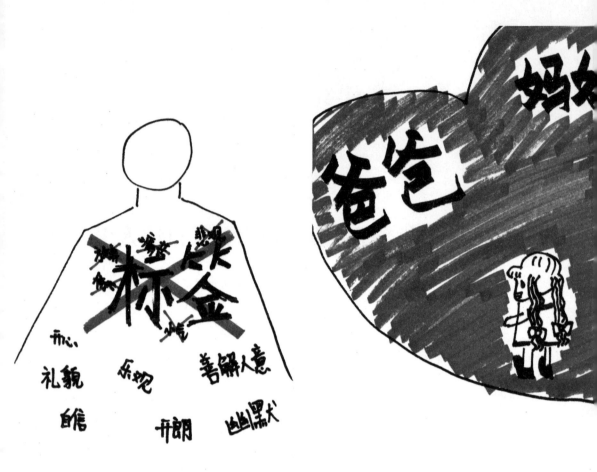

作者：孙艺嘉　13岁

第1章

认识自己与孩子的关系

日本著名的儿童教育专家品川孝子先生说:"孩子与家长的关系是孩子一生转变的关键,也是将来他们踏入社会,基本接人待物的依据,关心你的孩子,别忘了重视你与孩子的关系。"父母与孩子的关系是孩子与这个世界关系的真实反映和投射,好的亲子关系是开启孩子幸福人生的密钥。

你如何看待孩子

前不久，当我读到下面这段文字时，心中的凉意蓦然升起。

"我不记得爱过自己的父母。小时候怕他们，大一点开始烦他们；再后来，和他们针尖对麦芒，见面就吵；再后来，瞧不上他们，躲着他们，一方面觉得我对他们有责任，应该对他们好一点，但就是做不到，连装都很难；再后来，一想到他们，心里就难过。"

我忍不住想，要是我的孩子写下这样一段话来，或是对这样的文字产生共鸣，这于我来说是一件多么残忍的事，这大抵是全天下父母最不愿意听到的话。

虽然这些话语极具伤害性，但不得不承认，它值得所有父母深刻反思。在越来越多的家庭中，这种亲子关系已然成为真实写照，而这些话语也成为大多数孩子的真实心声。

有人说，教育孩子就是一场通往真实自我、成就更好自我的旅程。因为缘分选择了彼此，父母和孩子扮演着不同的角色，通过不断的摩擦和碰撞，携手从"无知有条件的爱"，前往"有意识无条件的爱"。

无知的父母曾以爱之名，传达着有条件的爱：希望孩子各项成绩优秀；期望孩子能有一项拿得出手的技能；想要孩子能乖乖听话，服从管教……

遗憾的是，很多时候，孩子并没有满足父母的众多期待。父母对于亲子关系的错误认知，不但没有让这段亲子关系为孩子的成长提供动力，反而成了孩子追求幸福人生时的阻力。

若父母能用心检视我们与孩子的关系，让爱的表达真正实现"无条件"，那么这段亲子关系的探索之旅就会变得轻松而愉快。

一、你为什么生孩子

作为父母，我们有没有思考过这样一个问题：我们为什么要生孩子呢？

是为了传宗接代？还是为了养儿防老？

作为一个5岁孩子的母亲，以上都不是我的答案。我也曾经无数次思考过这个问题——当孩子半夜啼哭时；当孩子限制了我很多自由的时光时；当孩子逐渐长大，开始耍小脾气时……可这些并不影响我爱他，只要他给我一个笑脸，总能在顷刻间将养育过程中的所有辛劳和生活中的烦恼涤荡得烟消云散。

| 第1章 认识自己与孩子的关系

我一直在寻找最合适的答案，而无意间看到的一段话，在我面前摊开了一个无比契合的答案。

"为了参与一个生命的成长，不用替我争门面，不用为我传宗接代，更不用帮我养老。我只要这个生命的存在，在这个美丽的世界上走一遭，让我有机会和她（他）同行一段……"

这是一个多么美好的答案！

当孩子成为母亲肚子里的那一颗种子开始，父母便开始参与他的成长。父母惊喜于孩子每一次的成长变化，从胎动到第一声啼哭，从咿呀学语到叫出第一声爸爸或妈妈，第一次翻身，长出第一颗牙，第一次站立和走路，第一天上幼儿园……每一个第一次，对于父母来说，都无比幸福——很幸运，孩子的出生给了父母见证、陪伴一段全新人生的机会。

此时，这些生命中的小欢喜，单纯而美好。

但随着孩子慢慢长大，当父母被各式各样的教育观念全副武装，选择"为了孩子好"时，这份单纯和美好就被搁置了。无意间，父母开始向外寻求一份认可，"成绩""面子"变成了教育孩子的"终极目的"，父母开始对孩子有更多的控制、索取和要求。孩子不仅要健康、懂事，还必须聪明、成绩好。慢慢地，父母将自我情绪与孩子的行为直接挂钩，孩子表现得好，父母就会为他开心；孩子成绩差、表现欠佳，父母就会开始焦虑和担忧。父母常常会抱怨孩子调皮、不懂事，时刻在担忧孩子的成绩是否不如别人，亲子关系也正在发生微妙的变化。

其实，在这个过程中，孩子并没有发生多少本质的变化，是父母发生了偏转，将自己内心的需求和满足感交给了外界，使得原本应该给予孩子的无条件的爱变得有条件、有目的。

孩子是一个生命个体，他们有属于自己的人生。父母没有权利根据自己的意愿为孩子规划、决定人生，也无法替代孩子走完人生旅程；同时，父母自以为是的"为孩子好"，不但不能帮助孩子获得幸福，反而会忽视孩子内心最真实的感受，给孩子造成童年的创伤，影响孩子一生的幸福。

所以，当父母在陪伴孩子成长的过程中感到越来越焦虑或棘手时，不妨回归本心，问问自己"为什么要生孩子"。也许这样，父母会恍然大悟——父母在孩子的成长中，只需做到陪伴，用满满的爱和耐心守护孩子，就够了。

珍惜与孩子相处的时光，即使他偶尔会很闹，会跟我们顶嘴，会淘气、不听话，但能陪他成长就是幸运的。孩子会逐渐长大，他对父母的依赖程度也会越来越低，他会有自己的学业、工作和家庭，在他以后的人生中，与父母在一起的时间只会越来越短。所以，在短暂的时间里，我们为何不珍惜这段时光，好好地爱他们呢？

可大多数父母往往都与孩子处在这样一种状态中："父母在等着孩子感恩，孩子在等着父母'道歉'。"其实，我们更要感恩与孩子相处的时光，感谢缘分让他成为我们的孩子，是他丰富了我们的生命和人生角色，增加了我们的人生智慧，让我们有机会更清楚地认识自己、反省自己，成为更好的自己。

二、你想要什么样的孩子

时代不同，父母的认知也存在差异。有别于20世纪六七十年代出生的父母，八九十年代出生的父母与其说希望孩子成为一个优秀的人，不如说他们更希望孩子能成为一个幸福的人。

但问题的关键在于，孩子如何才能成为一个幸福的人？

是进入名校，有体面的工作和收入？是衣食无忧、健康快乐？还是富甲一方、功成名就？

美国医学博士亨利·马西在30年间对数百位孩子进行跟踪调查，最终得出结论：那些幸福的孩子往往并不是成名或富有的人。幸福孩子的表现虽然林林总总，但他们仍具有普遍的特点：感恩，自信，具备独立生活的能力。

也就是说，孩子的性格、人格以及独立生活的能力，是影响孩子幸福与否的关键因素。

1. 培养孩子的目标是什么

目前大多数父母培养孩子的方向似乎有点本末倒置：过于重视孩子的分数、成就，以名校、体面的工作为目标，而忽视了孩子最基础的人格、性格的养成，缺乏对孩子独立生活能力的培养。

幸福的定义有很多种，实现的路径也无法复制，我们不能轻易断定孩子的未来是好还是坏，也无法控制孩子的未来，但我们可以让孩子具备独立面对挫折的勇气；让他清晰地认识自己，不在旁人的评价里迷失自我；让他永远有自己想要做的事，内心充满力量，悦纳自己，热爱生活，具备独立生活的能力……这样，他离幸福就会更近一些。

2. 幸福孩子的背后都有怎样的父母

孩子性格及能力的养成都离不开父母的教育和影响。总的来说，幸福孩子的父母都具备以下三个共同点。

（1）无条件的爱

无条件的爱是指父母没有任何理由地爱自己的孩子。从孩子出生的那一刻起，这种不计得失、不求回报的爱就出现了，父母不会因为孩子表现得好就更爱孩子，也不会因为孩子表现得差就不爱孩子——"沐浴"在这种爱之下的孩子不用取悦任何人。但这种爱不是溺爱，父母依然需要给孩子建立边界感，帮助孩子培养独立生活的能力。

（2）乐观

乐观是父母在一言一行中传递给孩子的一种心态。面对困难时，乐观的父母总会以更加平和、积极的心态看待问题，始终关注如何解决问题，而不是消极内耗。这种乐观处世的情绪往往会传递给孩子，让孩子不惧怕困难，不害怕未知的变数。

（3）接纳和包容

接纳首先体现在父母对于自己的态度上。他们不会因为自己存在某方面缺陷而抱怨，相反敢于正视自己的不完美，在此基础上不断改变和完善自己，努力做到更好的样子。他们不论在任何时刻、任何阶段都懂得先爱自己。

懂得接纳自己的父母通常更容易理解、尊重他人，能够包容别人的缺点和不足。正所谓"欣赏别人的优点长智商，包容别人的缺点长情商"。对待孩子更是如此。幸福孩子的父母能够平和地看待孩子的错误，并借由孩子犯错的机会引导孩子，因为"问题发生才是教育的开始"。在这种氛围下长大的孩子，会更懂得关爱他人，能更从容地处理人际关系。

父母无法为孩子定义幸福，更不能让孩子朝着我们为其设定的完美人生去走，父母唯一能做的是帮助孩子培养健全的人格和独立生活的能力，让孩子能拥有感知和抓取幸福的能力。

三、你是什么样的父母

中国教育家陈鹤琴先生曾说："父母，不是容易做的，一般人以为结了婚，生了孩子，就有做父母的资格了，其实不然。做父母的，要想把孩子养得好，在未做父母之前，应该问问自己：是否懂得养孩子的方法？有什么资格做孩子的父亲或母亲？怎样养育孩子，使得孩子身心两方都充分而又正当地发育？这些，都该弄得明白，才配做孩子的父亲或母亲。"

正如有人曾说，虽然父母这一职业，是唯一不需要资格证就可以上岗的职业，但它却对父母提出了更大的挑战和更高的要求，几乎是这世间最难的职业——因为孩子从出生开始，他们的思想、行为以及性格的养成就深受父母的影响。

所以，我们是否有认真思考过，自己是怎样的父母呢？

1. 缺位式父母

很多父母是"甩手掌柜"式的父母，他们没有做好父母这一角色，没有很好地承担教育孩子的责任和义务。"爹妈生，姥姥养，爷爷奶奶来欣赏"，这句话反映了相当一部分家庭的现状。在这样的家庭里，通常会由老人帮忙照顾孩子。老人按照自己那一辈的方式和观念教育孩子，时常会出现"水土不服"的情况，再加上隔代亲的缘故，很容易让孩子失去边界感和原则。同时，父母教育的缺失，极易让孩子变得没有安全感，并因此给孩子的性格和人格造成缺陷。

这类父母还容易在教育理念上出现认知错误，他们会认为只要给孩子提供好的物质生活，提供好的学习条件和学习资源，就能培养出优秀的孩子。

2019年央视春晚中的小品《占位子》便极具讽刺意味，故事中的父母为了给孩子占座而发生争吵，但他们却连自己的孩子上几年级都不知道。这个故事形象、深刻地反映了大多数父母的教育现状——他们认为只要给孩子占据了有利"位置"，就能让孩子从此驶上人生的高速公路，却忽视了孩子最本质的需求——陪伴。这种教育背后，父母的缺位，亲子关系的紧张，已然让纯粹的"占位"变得毫无意义，因为孩子感受不到爱。

也许有的父母会说，要想给孩子提供好的生活，自然就需要牺牲陪伴。很多父母总想着"忙完这一阵，就好好陪孩子""以后有的是时间，不差这两年""光有陪伴没有钱有啥用，再多挣点钱就好好陪孩子"。但对于孩子来说，家庭教育中最重要的一环就是父母高质量的陪伴。孩子成长的时光一去不复返，若在孩子年幼时，父母错过与孩子建立亲密关系的机会，那么将会永远错失这个机会，因为教育不可等待，教育不可重来，教育更不可能胡来！而这种成长的伤痛也会影响孩子一生。

2. 越位式父母

另外一部分父母则恰好完全相反，他们以孩子为中心，甚至剥夺了孩子的人生。

孩子写作业时，父母监督；孩子不吃饭时，父母追着孩子喂饭；就连孩子交什么

第1章 认识自己与孩子的关系

样的朋友也是由父母决定。父母在孩子成长过程中事无巨细的"操心",几乎扼杀了孩子自我探索的所有机会。从生活到学习,父母对于孩子都是无间隙陪伴,处处为孩子做决定,用自己的人生经验和喜好去插手、包办孩子的人生。

"湖南神童"魏永康就是一个鲜活的例证。他在13岁时,以总分602分考进湘潭大学物理系,成为当时年龄最小的大学生,17岁时考上了中科院的硕博连读研究生。这样一位看似前途似锦的神童,却在20岁时被中科院劝退,其原因令人咋舌,只因他缺乏生活自理能力。

所以,在亲子关系里,即便是再好的出发点,"走"得太近,也容易酿成"灾难"。

父母这种没有边界感的爱,会造成孩子的"退位",很多本应该孩子自己完成的事情,却因为父母包办,孩子没有机会亲自尝试,致使他们丧失了试错以及培养独立自主能力的机会,逐渐养成了依赖思想,甚至形成"学习是为了父母而学""梦想是实现父母自己未实现的梦想"的错误认知,完全找不到自己的人生目标和方向。

显然,无论是缺位式的父母,还是越位式的父母,都不是合格的父母,都会给孩子造成一系列负面影响。

父母在亲子关系中要找准自己的位置,守住自己的界限,做到不缺位、不越位、不溺爱、不控制、也不放任,给孩子充分的尊重和爱。

"如何为人父母"是所有父母一生的课题,因此父母需要不断自省,不断完善自己,成为更好的父母。

作为父母,你舍得为孩子花一点时间吗?能在他们好奇或喜欢的事物上多付出一点耐心吗?

你是经常表扬或肯定他们,还是习惯性地忽视或打击他们?当孩子犯错时,你是怎样处理的?当孩子进步时,你又是如何表扬、肯定、支持他们的呢?

当你在抱怨孩子哪儿都不好的时候,有没有先反省过自己?你与孩子的关系又怎么样呢?

……

心理学家乔尼斯·韦伯曾说:"童年时如果父母没能给孩子足够的情感回应,会给孩子造成潜在的心灵创伤。"当孩子勇敢表达出来的感受不被理解、不被看见,甚至受到父母的否定与打压时,他的心房便会慢慢关上。孩子就会出现本能的反抗,全然的拒绝,彻底的否定!

亲子关系中的高效学习法

所以，父母对待孩子的方式，决定了孩子未来的样子。

优秀的父母需要不断学习和自我修炼，而修炼的唯一标准，就是与孩子构建良好的亲子关系。

> 思考：你如何看待孩子的到来，你认为自己是合格的父母吗？

亲子关系的"轮回"

瑞士心理学家卡尔·荣格说："一个人毕其一生的努力就是在整合他自童年时代起就已形成的性格。"

原生家庭中亲子关系的影响往往具有很强的延续性，若童年遭受了创伤，又没有得到疗愈，那么这种痛就会在我们的一生中不断地折磨我们，还会影响我们对待孩子的方式，以另外一种方式间接地操控着我们的孩子，这就好比佛学中常说的"轮回"。

一、上一代亲子关系影响下一代亲子关系

俗话说，"父母是孩子的第一任老师"，我们与父母的相处方式，深刻影响着我们的情感处理、行为习惯和思考问题的方式，最终又会在无形之中影响我们与孩子的关系。

就像国际顶级家庭系统治疗师伯图·乌沙漠所说："父母能够自然给予孩子的爱，通常是他们从自己父母那里得到的爱。作为一个父亲，如果我从我的父母那里得到很多爱，我对孩子的爱就会很自然地流动；如果我没有从自己的家庭得到足够多的爱，那么就很难把爱自然地给予孩子。"

良好的亲子关系能教会我们学会爱和享受被爱，而支离破碎的亲子关系会让我们不懂得该如何向孩子表达爱。

一次，一位女性朋友在与我探讨父母应该如何教育孩子时，给我分享了这样一件事：孩子刚出生时，半夜一直喜欢哭闹，每次孩子哭泣时，丈夫的第一反应总是很严厉地呵斥一声"哭什么哭"。他的这一反应让我的朋友感到有些意外，因为丈夫并非

不爱孩子，但尽管他俩商量好要温柔对待孩子，只要孩子一哭，丈夫还是会下意识地急躁起来，说起同样的话。

直到朋友第一次带孩子回了婆婆家，孩子一哭，爷爷以同样的口吻急躁地说"哭什么哭"，那一刻朋友才明白，原来原生家庭对一个人的影响如此之大，它不仅会影响一个人的一生，还会在无形中影响那个人对待自己孩子的态度。

通常情况下，原生家庭的伤痛可能会影响父母走向以下两个极端。

1. 完全复刻上一辈的教育观念或行为

父母有可能完全复刻上一辈的教育观念或行为。

例如，一个长期遭受家庭暴力的人极有可能成为一位施暴者。他有很大的可能将父母对自己的行为，带到自己对待孩子的过程中。

在这部分父母眼里，他们不易察觉这种行为所产生的负面影响，甚至一度认为这是正确的，他们会认为"自己从小就是被父母打过来的，但现在不依然活得好好的吗"。

2. 极力避免与上一辈相同的行为或观念

父母也有可能会极力避免持有与上一辈相同的行为或观念。

例如，小时候长期遭受父母暴力的孩子，对父母的行为深恶痛绝，长大后，为了避免成为与父母一样的人，在对待自己的下一代时，极有可能会宠爱甚至溺爱自己的孩子。

虽然我们对待孩子的方式与父母对待我们的方式有天壤之别，但实质上我们的行为和感受依然受童年的印迹操控着：我们生怕自己像父母一样，给孩子的心灵造成创伤，所以我们小心翼翼，极力避免，但最终又走向了另一个极端。所以，我们对父母的情感越强烈（爱、恨），哪怕是选择了与父母对待我们截然不同的方式去对待孩子，也依然是从情感上赋予了父辈继续"折磨"我们的权利。

这类父母，通常自己在童年愈发缺失什么，就会将其加倍地补偿到自己孩子的身上。

原生家庭的烙印犹如融入了骨血，如影随形，不论我们如何抵抗，它总会以自己的方式野蛮生长。这也是我不断在线下课程"幸福沟通"中所强调的，人生幸福美满的三大地图永远都是下面三点：第一，成长自己；第二，经营婚姻；第三，陪伴孩子。首先我们要从成长自己做起。

二、你如何自处，决定了你如何对待孩子

每个父母都想给孩子最好的教育，比如高质量的陪伴，科学的学习计划，有爱的家庭环境……但实际情况却总是会偏离预期，孩子不配合、不懂事，最终选择叛逆或者是高代价的服从。对此，父母是否思考过，我们眼中的孩子是孩子真实的样子，还是我们内心那个孩子的样子呢？

大多数父母的内心都住着一个孩子，这个孩子就是在童年里内心遭受创伤，而没有被疗愈的自己。父母内心的孩子会因为始终带着情感缺失，没有得到满足而产生矛盾，无法和谐自处，进而又会将这种矛盾投射到自己孩子身上。

所以，不妨问问自己，我们与自己的关系怎么样？你喜欢自己吗？

大多数情况下，我们往往都在关注自己与朋友的关系，与爱人的关系，与孩子的关系，却唯独忘了重要的一点——关注自己与自己的关系。

很多时候，我们往往对自己的"缺失"难以释怀。

这份缺失可能来自父母从小的责备、打压，它让我们缺乏资格感、安全感和自信心，总是在不安和矛盾中自处。

我们开始抱怨，却又深陷痛苦之中，于是不自觉地将这份情绪投射到亲子关系中，此时的我们便会给孩子传递消极的情绪；同时，这种情绪又会蒙蔽我们的双眼，让我们忽视孩子的优点，而过于在意孩子的缺点……

我们和自己的关系，决定了我们和孩子的关系。

如哥伦比亚大学临床心理学博士沙法丽·萨巴瑞曾在《父母的觉醒》一书中谈道："身为父母，我们越了解自己，孩子也会越了解自己；身为父母，我们爱得越深、笑得越开怀、越勇于冒险、心胸越开阔，孩子也越能享受快乐和自由……"

所以，当我们的亲子关系产生危机，或让我们感到痛苦时，那通常是我们与自己的关系出现了裂痕；当我们感觉身处黑暗、痛苦来临时，唯一那束温暖的光往往来源于我们自己。育儿要先育己，先处理好我们与自己的关系，做到不贬低自己，学会尊重自己、相信自己、悦纳自己，那么我们的孩子也将有机会朝着好的方向改变。

思考： 原生家庭于你对待孩子有哪些影响？

亲子关系的重要意义

《孟子·离娄》中有这样一个故事。公孙丑不解为何君子不肯自己教自己的孩子。孟子回答说:"因为情理上行不通。父亲教育孩子必然用正确的道理,但此时孩子就会反驳说'你自己都做不到,为何要求我',父亲就会因此动怒,而一动怒,继而就会求全责备,伤害父子间的感情,使得父子关系变疏远。若父子关系变疏远,那便没有比这更不幸的事情了。"

这则"易子而教"的故事显然是在告诉我们,疏远的亲子关系对于孩子来说是一种莫大的不幸,就像一位心理学家曾说:"如果缺乏情感回应,人就等于处于绝境,甚至是死亡之地。"

而拥有和谐的亲子关系,却是父母对孩子一生最好的馈赠。"父母之爱,滋润子女的心灵;父母之爱,熏陶子女的言行;父母之爱,改变子女的人生。"好的亲子关系,是决定孩子一生幸福的密钥。

一、亲子关系是一切关系的缩影

《欢乐颂》中有这样一句耐人寻味的台词:"一个家,就是一个人的宿命。"这里的家就是指原生家庭,一个人原生家庭和亲子关系的氛围,大体上决定了他与世界的关系以及他面对世界的态度。

亲子关系是一个人一生中所有社会关系的基础和缩影,无论是同学关系、朋友关系、同事关系还是亲密关系,都依赖亲子关系建立,其好坏都可以在亲子关系中找到根源。

孩子待人处世与情绪控制的能力,很大程度上都是在亲子关系中形成的。父母对待孩子与他人的态度,往往决定着孩子待人接物的态度;父母的情绪控制能力,以及是否会引导孩子调节情绪,决定了孩子的情绪控制能力。

有人曾说,人在这个世界上只需要处理两种关系即可,其一是我们与父母的关系,其二就是我们与世界的关系。后者通常受前者的影响,是前者的投射。也就是说,如果亲子关系不好,那么我们与世界也很难相处得好。

电视剧《都挺好》中,苏明玉就是受不良亲子关系荼毒的典型。在苏家,母亲强势,父亲被治得服服帖帖,甚至有些懦弱。拥有这样家庭地位的母亲却严重重男轻女,处处打压苏明玉,甚至对她产生厌恶之情。无论是物质上还是情感上,苏明玉处处都受着不公平的待遇，小到一日三餐中的鸡蛋、牛奶，大到母亲卖掉房子也舍不得给女儿买一本复习资料，甚至为了省下学费，母亲竟然阻止她去读清华大学，而让她去上免费的师范学校。这一切都让苏明玉想逃离这个家庭。幸运的是，她没有被摧垮，凭借自己的努力长大成才，并过上了优渥的生活。

原以为长大后的她能彻底摆脱原生家庭的负面影响，可实际上她待人处世的方式早已深深打上了原生家庭的烙印。她自尊心极强，内心十分敏感，特别在乎别人的评价。这样的她时常一个人在空旷的房子里陷入痛苦的回忆，处处要强的她在工作上独立却极易中伤他人，在爱情中强势又不懂表达，明明内心极其脆弱，却偏要把自己活成一只刺猬，张牙舞爪的背后是深深的恐惧和不安。

更可怕的是，她灵魂深处其实就是母亲的样子——她活成了自己最恨的人的样子。

如美国最具影响力的首席治疗大师维琴尼亚·萨提尔所说："一个人和他的原生家庭有着千丝万缕的联系，而这种联系有可能影响他的一生。"

二、亲子关系先于学习成绩

良好的亲子关系，是孩子学习的根。换句话说，没有天生爱学习的孩子，只有懂得引导的父母和一段良好的亲子关系。

樊登先生曾分享说，他从来不辅导孩子作业，但孩子的学习成绩却非常优异。也许很多父母都会认为这是天赋，可樊登先生却说，虽然他不辅导孩子作业，但他格外重视如何与孩子相处，懂得培养和保护孩子的探索欲。

一次，在樊登先生给孩子读完《爱因斯坦传》的片段后，孩子充满好奇地询问：如何才能成为像爱因斯坦一样的物理学家。更让人意外的是，从那以后，孩子就开始自学物理课程，并在小学就完成了初中阶段的物理课程。在这期间，并没有任何人对他提要求，也没有人督促，更没有人辅导。这是樊登先生家庭里"开放的亲子关系"的体现，他把孩子当成同龄人，时常会与孩子探讨很多有趣的事，而孩子每次都会给他带来意想不到的惊喜。

很多父母总是在给孩子寻找科学的学习方法，想以此来提高孩子的学习成绩，却不曾懂得，孩子学习成绩好，首先得有一个良好的家庭环境，以及一段和谐的亲子关系。

其实，对于孩子来说，学习这件事情本身并不会引起他的反感和厌恶。任何孩子都不会纯粹地讨厌学习，至多也就是不擅长或不感兴趣。只是孩子一旦将亲子关系与学习形成某种因果关联，就会发生翻天覆地的变化。

智慧的父母让孩子抓紧学习的每一分钟，"愚昧"的父母则让孩子抓紧每一分钟学习，虽是一念之转，最终的结果却有天壤之别。前者教会孩子讲求效率，后者让孩子产生厌学的心态。

在大多数家庭里，孩子的学习成绩就是家庭氛围的晴雨表。

"考试成绩差，一回家就会被爸妈骂。""考得差，爸妈肯定会觉得我很笨，这么简单的题都不会。""学习成绩不好，爸妈会不会不爱我了，不要我了。"……孩子诸如此类的心理活动都是父母行为的投映。父母对成绩的过度重视，给孩子带来了无尽的压力。从此，学习便成了一件无比痛苦的事情，孩子就会开始厌学。

我们可以发现，孩子每种心理活动都与父母的态度与情绪紧紧关联。换言之，在孩子心里，学习的结果为亲子关系带来了"不安"和"恐惧感"，这动摇了孩子最基本的需求——安全感和爱，所以孩子会因此开始厌学。

这实际上是孩子对此做出的应激反应。所以，道理很简单，孩子所有的行为几乎都与亲子关系的好坏有强关联，他因此产生的种种理性或不理性的行为都是在试图保护亲子关系，祈求得到安全感和爱。这也启示父母应该经营好亲子关系，让孩子感受到足够的安全感和爱。

当孩子感受到足够的安全感时，他就不会再恐惧不安，也能够正确地面对父母的评价，因为他知道父母的评价是针对具体行为、具体事件，而非针对他这个人，不会影响父母对他的爱。

三、亲子关系是管教的基础

德国哲学家雅斯贝尔斯曾说："教育的本质意味着：一棵树摇动另一棵树，一朵云推动另一朵云，一个灵魂唤醒另一个灵魂。"简单来说，教育的本质是影响，而影响的前提是一段亲子关系。

当父母尊重、支持孩子，孩子便会信任父母，愿意与父母沟通，懂得听取父母的意见和建议。在这种和谐的亲子关系下，教育自然能够在潜移默化中完成。正如英国社会学家斯宾塞所说："当孩子感到被爱、被信任，奇迹不久就会出现。"若亲子关系紧张，孩子就会从心理上不认同父母，或故意选择与父母对立，此时，教育就变得困难重重。总的来说，要想让教育发挥效果，父母首先要学会赢得孩子的心。

但大多数父母通常都陷入了教育的误区，过度重视说教，而轻视或忽视了维护良好的亲子关系。

父母总认为现在对孩子要求严苛一点，哪怕他们还不理解父母的良苦用心，恨父母，也好过他长大后后悔。这种想法的出发点是好的，但最终的结果往往会令人大失所望。

一方面是因为孩子不会向自己讨厌的人学习，而只会被自己喜欢、信任、尊敬的人影响和改变，对父母更是如此。比如，父母会选择通过跟孩子讲大道理的方式告诉孩子练琴的好处，无论孩子内心是否喜欢，每天都会强迫孩子训练。这种"自以为是"的心理会破坏亲子关系，让孩子只能感受到逼迫而感受不到爱意。于是孩子逐渐开始不愿意练习，从顺从到反抗再到封闭，亲子关系只会变得越来越差。

另一方面，虽然我们常说父母是孩子的第一任老师，孩子从出生开始就在模仿父母，但父母也应该谨记，我们首先是父母，其次才是老师。在孩子的一生中，父母之外的老师可以有很多，但能让孩子感受到自己在这个世界上永远独一无二，自己会被无条件地爱与接纳的，只有父母。

因此，当父母发现对孩子的管教越来越力不从心时，解决问题的唯一方向还得回归到亲子关系的建立。

如果父母发现孩子有很多不良行为，实则是孩子在用一种不成熟的方式表达自己的不满和需求，这也在向父母释放"亲子关系不和谐"的信号。若父母能抓住契机妥善处理分歧，就能让孩子学会如何积极倾听、理性沟通，如何尊重多元、文明表达，如何换位思考、增进理解，正确地表达需求和爱——而这就是最好的教育。

若父母永远只关注问题本身，想通过教条式的管教处理问题，而不思考问题背后孩子的真实需求，那么只会将孩子越推越远。

由此可见，亲子关系远比纯粹的教育更重要，它影响着孩子的性格、态度，决定着孩子的行为。再多的"为你好"都比不上和谐的亲子关系好。古希腊哲学家亚里士多德曾说："我们无法通过智力去影响别人，情感却能做到这一点。"换句话说，再完美的教育也不及一段良好的亲子关系更能给孩子带来受益一生的影响。

思考： 以上内容对于你培养孩子有哪些启示？

第 2 章

改变，
从给自己和孩子「撕」标签开始

对孩子来说，最可怕的不是别人如何定义他的人生，而是他已经认定了这就是他自己的人生。孩子一旦被贴上标签，在他尚未成熟的认知里，就会过早给自己定型，最终失去挖掘自身潜能的机会。有人说："最好的教育，是父母永远不放弃自我成长。"所以，父母要想孩子得到改变，应从给自己和孩子"撕"标签开始。

可怕的标签效应

印度南部的某个省份有很多大象,当地人利用这些大象来从事劳力劳动。人们将细细的绳索套在大象的腿上,绳索的另一端则系在细细的枝丫上。按理来说,凭借大象的力气完全可以挣脱绳索,获得自由,但大象却丝毫没有想要挣脱的迹象。

当地人笑着说,大象从小就被绳索捆着,最开始也想要逃跑,但因为力量太小而无法挣脱绳索,最终它们已经形成了一个"信念",认为自己无法挣脱,所以即使自己很强壮,想要获取自由的念头也消失了。

一个小小的信念都能如枷锁般控制如此强大的动物,更何况是幼小的孩子。孩子的成长是个不断突破的过程,而给孩子贴上标签,无论是好的,还是坏的,都无异于固化孩子的思维,限制孩子的发展。

一、负面标签让孩子朝着负面结果发展

在亲子教育中,我们常常会在言语中无意识地给孩子贴上某个负面标签。

"你怎么那么笨/粗心/马虎/不求上进/懒。"

"你就是屡教不改。"

"你做事就是喜欢拖拉/磨蹭。"

"你怎么一点小事都办不好。"

"看你现在这个样子,长大后肯定没出息。"

父母不曾想到,这些负面标签极有可能让孩子变成父母口中的样子。

1. 负面标签让孩子朝着标签暗示的方向发展

心理学中有一个"标签效应",即当一个人被一种词语贴上标签时,他就会作出自我印象管理,使自己的行为与所贴的标签内容一致。

而之所以会出现标签效应,主要是因为"标签"通常具有定性导向的作用。无论是好是坏,它对一个人的个性意识的自我认同都有强烈的影响作用,给一个人"贴标签"的结果,往往是使其朝着"标签"所喻示的方向发展。

对于孩子来说,负面标签的效应尤为明显。孩子处在成长的阶段,是形成自我认知的重要时期,他们缺乏独立思考的能力,会通过外界对自己的评价来认识自己。

父母给孩子贴负面标签,否定孩子,会让孩子逐渐接受父母的这种评价,并首先产生自我怀疑,进而对自己失去信心,逐渐全盘否定并放弃自己,最终朝着负面标签

暗示的方向发展。

2. 负面标签会让孩子无法正视自己的缺点

另外，父母从小给孩子贴负面标签，也会让孩子自我标签化，将负面标签作为自己无法进步的理由。

例如，父母从小给孩子贴负面标签，评价孩子性格直，不会说话，但心眼不坏，孩子长大后也会经常把"自己性格直不会说话，但心眼不坏"挂在嘴边，不断向他人暗示，自己说话可能会得罪他人。因为有了这个负面标签，他会不断给自己心理暗示，认为自己的言语过失都是可以被原谅的，也可以不用承担相应的责任，所以便不会要求自己作出改变，也就不会朝着好的方向发展。

也就是说，负面标签有可能成为孩子"自我保护"的"壳"，使他们不愿意面对真实的自己，不愿意正视自己的缺点，也不愿意作出改变。

3. 负面标签会让孩子标签化他人，形成不正确的价值观

给孩子贴负面标签的另一大不良影响是它会误导孩子，让孩子逐渐标签化他人，甚至形成不正确的价值观。

例如，父母常常给孩子贴"娇气""霸道""没出息"的标签，会让孩子用这些词去评论他人，就像我们经常会听到孩子发出这样的言论"她太娇气了，不要跟他玩""他太调皮了，我很讨厌他"。这些看似"孩子气"的行为，若父母不加以正确引导，就会让孩子形成不正确的价值观。

负面标签对孩子的性格、思想以及行为都会产生巨大的负面影响。所以，在孩子成长的过程中，父母要尽量避免给孩子贴负面标签。

二、正面标签使用不当，后果同样不堪设想

负面标签危害巨大，那正面标签呢？

父母给孩子贴正面标签，其实同样不利于孩子的成长。

1. 正面标签限制了孩子的可能性

标签的指向性作用也暗示着其具有以偏概全的特点。作为父母，我们常常喜欢从孩子擅长的某一点出发，以偏概全地给孩子下定义，贴标签。

一旦产生正面标签效应，那么孩子就会认为自己在哪些方面擅长，哪些方面不擅长，进而就变得不愿意尝试和探索很多未被定义的领域。

孩子就像一张白纸，本来有无限种可能，但当父母对其标签化之后，就好像定义了这张纸唯一的用途，限制了孩子在其他方面的发展。正如我常在课堂上说的一句话："优点不说不得了，缺点少说慢慢少。"缺点的对面一定有优点，我们要做欣赏孩子缺点对面优点那些美丽风景的人。

同时，我们也要相信孩子只有特点，没有缺点；只有不同，没有不好；只有存在，没有问题；无好无坏，全在心态！

2. 有些正面标签是父母强加给孩子的期望

父母在给孩子贴正面标签时，会不自觉地把自己的期望强加给孩子，而这种期望不一定会适合孩子，甚至会给孩子带来无尽的压力。

比如，父母常夸奖孩子学习成绩好，将来一定能考上北大、清华等名校。当父母强加自己的期望时，一旦孩子一次考试没考好，或成绩下降，那么他便会产生自责和自我否定的情绪；同时，为了保持在他人眼中的"聪明""优秀"，当孩子遇到困难时，他们会羞于向父母、老师求助。毫不夸张地说，父母的正面标签就如同"魔咒"一般，压得孩子喘不过气来。

3. 正面标签会让孩子迷失自我

另外，有的父母常把孩子"懂事""听话"挂在嘴边，这种标签实则会让孩子为了追求父母眼中的样子，而忽视自己内心的需求，不断压抑自己，最终迷失自我。

很多孩子为了迎合父母而变得没有主张。父母安排报什么兴趣班，孩子就报什么兴趣班；父母让孩子学什么专业，孩子就学什么专业；父母要求孩子从事哪方面工作，孩子就从事哪方面工作。这种正面标签时刻约束孩子，丝毫不允许孩子背离"懂事""听话"的表现，没有了自己的兴趣、爱好，孩子便开始失去自我，逐渐迷失。

4. 先天性的正面标签会让孩子忽视其他宝贵品质

还有一部分父母，喜欢给孩子贴"聪明"等先天性的标签。但一旦孩子的认知形成，就会让孩子自恃聪明，从而忽略去持续地努力。伤仲永的故事便是如此，小时候的"神童"，长大后却泯为众人，这与标签效应脱不了干系。

所以，父母不但要避免给孩子贴负面标签，也要防止给孩子贴正面标签。

> **思考：** 你平时会给孩子贴标签吗？你给孩子贴标签时，对孩子产生了哪些影响？

给孩子撕标签的第一步：撕掉自己的标签

俗话说："没有感同身受，只有冷暖自知。"父母在给孩子撕掉标签之前，首先要撕掉自己的标签。

在别人眼中，你是一个怎样的人？别人给你贴过标签吗？哪些标签影响了你？你是什么样的感觉？你如何看待给你贴标签的那些人？如何给自己撕掉标签？

父母自撕标签的过程，可以得到深刻的反省，更加警惕标签的效应，从而更好地帮助孩子撕掉标签。

一、别人是否标签化你

标签化，其实随处可见，如我们再熟悉不过的"地域标签"。

早年间，在我到外省出差时，我很害怕别人问我来自哪里，原因是我是河南人，而很多人早已经给河南人贴上了很多不友好的地域标签，会将很多不良的社会现象与河南人联系在一起，一谈到河南人，就会联想到"偷井盖"。

显然，这是一种误解和偏见，很多人甚至都没有接触过河南人，但由于这种偏见被标签化之后，就导致人们形成了思维定式。而我本人也被这标签深深地束缚，一度因此感到自卑。在餐桌上，尽量减少与他人的谈话，生怕引起别人的注意，进而关注到我是哪里人。我自卑得就像一个真做了亏心事的人，心里有种沉重的负担感。

这种标签效应，也体现在我的工作中。刚出来工作时，因为工作量较大，再加之白天工作效率不高，因此我经常会熬夜工作到很晚。久而久之，同事便开始称呼我为"夜猫子"，而我也逐渐习惯了这个称呼，甚至内心一度接受了这个标签。"夜猫子"本来就是在夜间活动，我形成这个认知之后，在后来很长一段时间里，即使晚上没有特别重要的事情，我也会用其他的事打发时间磨蹭到很晚才睡觉，甚至会将工作任务拖到晚上12点之后再着手完成。

后来，有同事评价我的这种状态是典型的拖延症，从那开始，我便认定自己有了拖延症，并给自己内化了"拖延症患者"的标签。事实证明，标签效应真的很可怕，一旦给自己贴上了拖延的标签，我每天都处于焦虑之中，工作效率也越来越低下，甚至几度因为没有按时完成工作而情绪崩溃，一度想自暴自弃。

幸运的是，我很快意识到给自己贴标签的负面影响。其实远不至于拖延症这么严重，只是每天的工作状态影响了工作效率。之后，我及时进行分析和调整，合理地制订了工作计划,有条不紊地展开工作,打破了"拖延症"的标签,也撕掉了"夜猫子"的标签,最终实现了良性循环。

如果我们常说,"我这个人就是太粗心了",那么这就有可能成为我们的借口,在每次犯错后都拿它当挡箭牌,不愿意作出改变和调整,我们就可能会一遍又一遍地粗心下去。

如果我们常说"我太失败了",那么基于这个标签开始,就已经注定了最终失败的结局。

在成年人的世界里,会更多地被标签化和定义。但人总是会不断变化的,而标签也会让我们变得思维定式,阻碍我们的发展,限制我们的各种可能性。所以,我们不妨打破标签,塑造更好的自己。

二、如何撕掉既有标签

作为父母,在我们的生活环境中,也无形地被人贴了很多标签,而这些标签也逐渐内化、固化成为我们对自己的认识。要想给自己换标签,首先需要清楚了解你有哪些标签——你是一个什么样的人。

1. 你是一个什么样的人

请完成以下步骤。

第一步:拿出一张 A4 大小的白纸,并将这张纸折成 10 等份。

第二步:深呼吸,放松,在其中每一个等份中,写下"我是一个怎样的人"。

例如,我是一个敏捷的人/呆笨的人/聪明的人/粗鲁的人/脾气暴躁的人/心思细腻的人……

无论是什么样的词汇,不做好坏评价,只要是在脑海中浮现的,全部将它写下来。

这些词汇可以是你对自己的评价,还可以是同事、家人对你的评价。

第三步:审视每个标签,询问自己是否真的是这样的人,需要拿出具体事例,进行质疑。

其实,我们发现每个标签都只能代表一小部分事实,甚至最后发现一些长期贴在我们身上的标签只是他人的偏见,通过这种方式,我们能更加客观全面地认识自己。

2. 改变思维模式,拒绝标签化

撕掉既有标签的第二步,需要彻底转变思想,拒绝标签化,下定决心改变自己。

例如,当我们被标签化为"内向""害羞"时,若我们形成固化思维,认为无法改变自己,那么我们的行为自然就会向标签发生偏转,不愿意参加社交活动,害怕与他人接触等。所以,要撕掉标签,我们要从思想上开始觉醒,要知道一切都是可以改变的。

3. 你想要改变什么

要明确要改变什么,也就是要设定具体的目标,你需要知道自己目前想要改变的点是什么。目标需要具体且具有可实施性,如果你只是笼统地设定一个遥不可及的目标,那么在具体实施时就会出现困难,半途而废。

4. 具体应该如何改变

在明确自己的目标之后,你需要据此制订详细的计划。例如,自己被"拖延症"的标签定义,想改变拖延的习惯,那么在制订具体的改变计划时,就需要据此合理安排自己的工作或生活,在什么时间段完成哪些工作等,并制订相应的监督或惩罚机制,以便更好地督促自己完成。

5. 成为你想要成为的样子

"千里之行,始于足下",在制订好目标和计划之后,你要持之以恒地朝着自己的计划努力,一步步达成目标,由量变达到质变,变成自己想要成为的样子。

> **练一练**:根据以上撕标签的具体步骤,请尝试给自己撕标签。

给孩子撕标签的第二步:不轻易定义孩子

美国著名儿童学家阿黛尔·法伯说:"永远都不要低估了你的话对一个孩子一生的影响力。"

对于一个天真无邪的孩子来说,一旦被贴上标签,无论是好的,还是坏的,都不利于孩子的发展,因为标签化很容易误导孩子,让孩子永远困于其中。所以,撕下标签,对于孩子来说是最好的教育。

一、不要用负面语言与孩子对话

给孩子撕掉标签,父母首先要做到避开使用负面的语言与孩子对话。

父母总是希望孩子向好的方向发展，但常常表现得心口不一，在沟通中口不择言，言语中充满了讽刺、嘲笑、贬低的意味，在不知不觉中扭曲了自己想表达的初衷；还有很多父母希望通过激将法来刺激孩子，让孩子不断努力。

父母常将"懒""笨""傻""蠢""不爱学习""犟""猪脑子""让人恼火"等一些负面性的词语脱口而出，这会极大地伤害孩子的自尊。长时间生活在父母言语暴力下，孩子会缺乏自信，性格内向，不太会表达自己内心的需求，进而会变得敏感、压抑、胆小、懦弱，朝着父母所贴的负面标签的方向发展，被硬生生地推向美好的对立面。

《小王子》中有一句话值得父母深思："世界上最有力的武器是语言，一句话可以让一个人跌入谷底，也可以让一个人重振力量。"

心理学家威廉·杰姆士说："人类最深层的需要，就是渴望得到别人的欣赏和赞美。"正如我经常讲的："我不一定喜欢我所欣赏的人，我一定喜欢欣赏我的人；我不一定喜欢所有人，我一定要欣赏所有人。"

每个人都渴望被理解、认同、尊重，孩子更是如此。孩子更多地希望父母去关注他的内心，而不是分数，不是结果，也不是前途，更不是面子。"大多数人都关心你飞得高不高时，只希望有人单纯关注你飞得累不累"，这大抵就是孩子对父母最大的期待。

俗话说："良言一句三冬暖，恶语伤人六月寒。"父母应该正确看待孩子在成长过程中所犯的错误，学会用温和、有温度的语言，在平等的基础上与孩子沟通，用真诚、关怀去叩开孩子的心门，避免使用负面、消极的词语，避免在沟通中给孩子带去更大的心理负担与压力。

二、就事论事

就事论事是指父母对孩子的具体行为进行评价，而不是评价孩子的性格、智力等方面，或上升为对孩子人格的评价。

1. 就具体行为进行评价

例如，孩子在玩玩具后没有把它收拾起来：

☒ "你真懒，自己玩过的玩具怎么都不会收拾呢？"

☑ "在你不玩玩具之后，应该将玩具收拾起来。"

第2章 改变，从给自己和孩子「撕」标签开始

若孩子不小心打碎了花瓶：

- ☒ "你怎么总是毛毛躁躁呢？一天到晚尽添乱，快走开，让我来收拾。"
- ☑ "没关系，你不是故意的，对吗？我们一起来看看该如何去清理它吧。"

若孩子将沙子扬到了他人身上：

- ☒ "你怎么这么淘气呢？"
- ☑ "你把沙子扬到别的小朋友身上是不对的。"

2. 避免笼统地表扬

父母在对孩子进行鼓励或表扬时，要鼓励孩子的具体行为，避免用"你真棒""你是我的骄傲"等笼统的语言，表扬越具体越好。

例如，当孩子取得好成绩时：

- ☒ "你真棒，宝贝，你真是妈妈的骄傲！"
- ☑ "你考得真好，这离不开你的辛苦努力和付出，继续加油哦！"

当孩子画了一幅画/做了一个手工：

- ☒ "宝贝，你真是个天才！"
- ☑ "哇，宝贝，你的这幅作品实在太有创意了！"

若孩子帮你做家务时：

- ☒ "你真是个懂事的孩子！"
- ☑ "你今天帮妈妈做家务，真的很让妈妈感动！"

父母在表扬孩子时，需要清楚地告诉孩子，他所做的哪件事情得到了正向评价，强化他的正向行为；而不是笼统地夸赞孩子的天赋，让孩子依赖天赋而不思进取，或者让孩子认为结果大于一切，进而容易走捷径。

3. 不要从行为上升到对孩子人格的评价

在说话的过程中，父母需要注意将孩子的行为和孩子是个怎样的人分开。

- ☒ "你就不是块读书的料。"
- ☑ "你的学习还有很大的进步空间，妈妈/爸爸相信你！"
- ☒ "你怎么这么胆小。"
- ☑ "孩子，你可以再大胆一些的。"
- ☒ "你就是任性。"
- ☑ "妈妈爱你，妈妈愿意听听你因为什么不开心，你愿意和我说说吗？"
- ☒ "我怎么生了你这样没出息的孩子。"

☑ "爸爸/妈妈永远都爱你,希望你健康、快乐地长大。"

老辈人常说,"打人不打脸,揭人不揭短",这也启示父母不要在身份层面否定孩子,别给孩子定性。父母应该换个角度,从更加积极的方面去肯定孩子。

三、让孩子看到全新的自己

每个孩子生来都是一个巨大的宝藏,关键在于父母如何去"开启"它。父母在孩子的成长中,应该多用积极的眼光去寻找、肯定孩子的优点;给孩子创造机会,让孩子摆脱被定义的标签,发现另一个全新的自己。

1. 善于用积极的眼光寻找、肯定孩子的优点

俗话说:"赏识和激励是孩子成长的阳光雨露。"父母要学会"赏识"自己的孩子,具体可以采用以下几种方式。

(1)关注细微的进步

父母应关注孩子每一次细微的进步,对孩子进行强化。例如:"你今天这样做得很好,与之前相比进步了很多。"

(2)列举孩子突破自我的事例

父母列举孩子突破自我的事例,是为了在孩子表现不好时,帮助孩子回忆起那个具体的时刻,进而鼓励孩子。

一个孩子曾经跟我分享,在他5岁的时候,妈妈给他买了一辆自行车,当时周围的小朋友很快就学会骑车了,但唯独他学了很长一段时间都没有学会,他感到特别沮丧,甚至产生了畏难情绪,觉得自己学不会了。可妈妈一直鼓励他,有一天他终于学会了。

从那以后,每次当他接触陌生事物,担心自己学不会时,妈妈都会说:"学自行车那么难的事情,你都学会了,还有什么能难倒你呢?我相信你可以的!"也就是这一句话,给他带来了巨大的力量。

父母帮孩子回忆那些具体而做得好的时刻,能让孩子在面对任何困难时,都觉得自己可以战胜它,这样能不断刷新孩子对自己的认知,看到一个全面的自己。

(3)善于发现和接纳孩子的不同

父母要学会发现、接纳孩子的不同。生活中,很多家长容易拿孩子与别人家的孩子进行比较,却不懂得欣赏自己孩子的独特之处。当孩子有缺点、短处、难处、病痛的时候,正是父母理解他、心疼他、包容他、帮助他、爱他的最佳时机!

伟大发明家爱迪生从小就是一位爱拆东西的孩子。学校新买的教具被爱迪生拆除，老师也难装回去，老师告知爱迪生的母亲，让爱迪生改改乱拆东西的坏毛病。母亲却说："我观察他很久了，他跟其他孩子最大的不同就是喜欢拆东西，他要是改了，不就跟其他孩子一样了吗？"爱迪生之所以有之后的成就，得益于母亲看到了他的不同，并对此进行保护和鼓励。

在培养孩子的过程中，父母要避免走进教育的误区——想要孩子处处与他人一样优秀。也许孩子最擅长的，就藏在与他人的不同之处。正如教育家陶行知所说："你的教鞭下有瓦特，你的冷眼里有牛顿，你的讥笑里有爱迪生。"

2. 为孩子创造条件，从小事做起

很多时候孩子被困于标签之中，他们其实很想改变，却不知该如何改变。这时父母可以着眼于一些小事，为孩子创造机会，让孩子学着去做，并积累成功的经验，孩子自然就会慢慢明白，"我可以做到"。

3. 让孩子无意中听到正面评价

孩子对自己的认知多半来源于父母的评价。父母可以找寻合适的时机，当着其他人的面实事求是地鼓励孩子的具体行为，这样能让孩子知道原来自己在父母眼中是这个样子，可以增强孩子的自信心。

4. 多与孩子沟通，发现其行为背后的动机

很多时候，父母给孩子所贴的标签，更多的是父母强加给孩子的期望和想法，往往忽视了孩子内心的真实感受。因此，要想给孩子撕掉标签，父母需要多与孩子沟通，探寻孩子行为背后真实的动机，真正关注孩子的内心，发现孩子最真实的样子。

情景一：

在放学的路上，遇到同学的家长，作为父母，我们主动打完招呼，但发现孩子没有反应，于是便教导孩子说："快跟叔叔、阿姨打招呼呀。"孩子还是没有吱声，我们应该怎么做？

☒ 直接当着他人的面，生气地对孩子说："你怎么这么没礼貌？真是一个不礼貌的孩子。"

父母可以在回家之后对孩子说：

☑ "刚刚你见到熟人不打招呼，这种行为是不礼貌的。但是你能告诉我，是什么原因吗？是你心情不好，还是在同学面前有点害羞，所以没有打招呼？"

这样既告知了孩子不礼貌的行为，也让孩子真正感受到了你并没有碍于面子责怪

孩子不打招呼，而是发自内心地关心他。

情景二：孩子玩游戏玩到很晚，我们应该如何与他沟通？

☒ "你就是玩性大，都这么大的人了，怎么一点都不为自己的未来考虑，真是一点也不懂事。"

其实，父母可以这样说：

☑ "你在这么紧张的时期还玩这么长时间的游戏，我感到有点为你着急，我想其实你内心一定也有点不安，对吗？"

通过以上几点，父母可以扭转孩子的态度和对自己的认知，感受到自己原来并没有被限定在过去的角色和标签里，自己其实还有很多的可能性，也有很多的闪光点。

练一练：请你结合实际情况及以上所学方法，尝试给孩子撕标签。

第3章

孩子的未来在父母的嘴里

俗话说得好,"父母的嘴,就是孩子的风水。"这句话虽然不完全正确,却折射出一个道理:父母如何评价孩子,如何与孩子沟通,会直接影响到孩子的成长,甚至决定孩子的一生。

是什么话让孩子缺乏自信

许多家长向我反映，自家孩子做事总是畏首畏尾，瞻前顾后，难以成事，或是敏感多疑，不愿与人交往，生活中快乐少烦恼多。孩子的这些性格，是典型的缺乏自信的表现。而造成孩子缺乏自信的关键原因，正是父母的言语。父母的一些不恰当言语，非但在亲子沟通中解决不了任何问题，还犹如一把利剑，狠狠刺进了孩子心中，留下一道道伤痕。

一、"爸妈没本事，以后只能指望你了"

在我的线下课程中，一位母亲曾向我求助。

她说道："孩子一向乖巧懂事，性格也很开朗，在学校表现也很突出，经常受到老师的夸赞。但最近孩子突然变得沉默寡言，一回到家，便把自己关在房间里，也不愿意与我们多交流。学校老师近期也反馈孩子在学校整天看起来闷闷不乐，而且学习成绩也下降了很多。我跟孩子父亲思来想去也没有找到原因，因为在这段时间我们并没有批评过孩子，甚至还一直鼓励孩子。"

"你们是怎么鼓励孩子的？"我问道。

母亲回答道："因为我跟孩子父亲都是普通人，没办法提供非常好的条件，所以希望孩子更加努力。前段时间孩子父亲下岗后，家里状况更差了，于是我们更加频繁地跟孩子说'爸妈没本事，以后只能指望你了'，就是希望他能有出息。"

我一下明白了孩子的症结所在，正是"爸妈没本事，以后只能指望你了"这句话，让孩子变得沉默寡言、闷闷不乐。

现实生活中，当孩子的表现稍微没有达到父母的要求或期望，如孩子考试成绩不理想时，父母常说的话便是"爸妈没本事，以后只能指望你了"；抑或是父母受到了生活的打击，将压力倾诉给孩子时，也同样会强调"爸妈没本事，以后只能指望你了"。

父母之所以说这句话，是试图用现实的困境来反向激励孩子，希望孩子能够努力、上进，以此摆脱目前的困境。但这句话通常起不到激励孩子的作用，还容易让孩子产生自卑感。

许多经常被父母灌输这句话的孩子向我抱怨：

"我最害怕听到父母给我讲这句话，瞬间感觉自己压力山大，他们没本事，为什

第3章 孩子的未来在父母的嘴里

么就非要指望我，我也很累。"

"爸爸每次给我讲这句话，我都感觉很愧疚，也很难过，为什么自己的成绩那么差，其他方面也处处不如别的同学，但其实我已经很努力了，这让我非常无力。"

"别人家的父母都是孩子强有力的支柱，但我父母每次说这些话，都会让我感觉低人一等，抬不起头来。"

听完孩子的想法，父母便会明白，原来自己常挂在嘴边的话，给孩子带来了如此大的伤害。为何这句话会让孩子如此反感，甚至让孩子的自信心受到打击？

原因就在于这句话向孩子传递了两层负面意思：前半句话中的"爸妈没本事"，是父母对自我的否定；后半句话中的"爸妈只能指望你了"，是父母在否定自我的情况下产生的一种托付心态。

"自我否定"心态很容易理解，是一种不相信自己能行或认为自己很失败的自卑心理。

孩子的性格养成多半来自于父母的言传身教，当父母说出"爸妈没本事"这句话时，就将这种认为自己很失败的自卑心理传递给了孩子，孩子同样会认为自己也不行。

而"爸妈只能指望你了"这句话所透露出来的托付心态，是父母在认为自己不行后找到的一个情绪出口，是将自身面临的压力转移给了孩子。

父母将自己的人生希望寄托在孩子身上，认为孩子必须超越自己，只有孩子有出息，自己的未来才会有盼头。于是，父母将生活的重心全部放在孩子身上，所有的情绪全部取决于孩子的表现。孩子表现得好，父母便心情舒畅，觉得未来有望；孩子一旦犯错或表现欠佳，父母便开始失落、焦虑和担忧。

这种心态不仅造成了父母个人生活的缺失，而且在无形中增加了孩子的心理负担，常常会让孩子因为表现不好而陷入深深的自责与自我否定中。

所以，当父母对孩子说出"爸妈没本事，以后只能指望你了"这句话时，这两种负面情绪会共同作用，让孩子变得更加自卑。要想让孩子自信、乐观，父母千万别再对孩子说这句话了。

二、"危险，别动，别碰"

孩子是上天送给我们最好的"礼物"，他的到来给我们带来了太多的惊喜。我们会因为孩子长出第一颗牙而惊喜；会因为孩子第一次开口叫"妈妈"而感动得流下眼泪；会因为孩子学会走路而兴奋许久。

但也正因为孩子是上天送给我们最好的"礼物"，也让我们变得倍加珍惜这份"礼物"——我们在孩子的成长中变得格外小心翼翼，孩子成为我们最大的软肋。我们时时刻刻都在担心孩子，生怕孩子磕着、碰着或遇到危险，我们常常冲在孩子前面，希望尽可能地保护他们。

所以，在孩子的成长过程中，常常出现以下场景。

当孩子第一次握起剪刀时，父母会大呼："危险，别碰！"

当孩子第一次拿起扫把时，父母会说："别动，我来。"

当孩子询问父母因为什么问题而烦恼时，父母会说："你还小，不懂这些事。"

当孩子在书店拿起一本颇喜欢的书籍时，父母会说："这本书暂时不适合你，太难了。"

父母的每一次制止、保护，不但让孩子失去了一次收获能力、建立自信的机会，而且会被孩子错误解读为自己能力不够。

孩子在成长过程中总是会对新鲜事物感到好奇，喜欢对未知的事物进行尝试与探索，在不断探索中建立新的认知，收获新的能力，不断肯定自我，逐步建立自信。而父母出于爱的保护、制止却会被孩子错误解读为"你不行"。

父母："危险，别碰！"——孩子："父母就可以做，但我却不可以，他们不相信我。"

父母："别动，我来。"——孩子："父母认为我做不好这件事。"

父母："你还小，不懂这些事。"——孩子："父母认为这件事情对我说了也起不到任何作用，他们认为我帮不上任何忙，所以不告诉我。"

父母："这本书暂时不适合你，太难了。"——孩子："父母认为我不行。"

随着时间的积累，孩子的错误解读会加深，自卑感会加重。慢慢地，孩子便会失去尝试新事物的兴趣和勇气，不愿意当众表达自己的想法，陷入恶性循环，变得越来越没有自信……

所以，在孩子的成长过程中，家长应少对孩子说"不"，少制止，才能让孩子更加自信。

三、"你怎么这么笨"

"你怎么这么笨"，这句话出现最多的场景便是在父母辅导孩子写作业的时候。

第3章 孩子的未来在父母的嘴里

前段时间，一段父母辅导孩子写作业的视频在微博上引起了热议。视频中，父母面对孩子"清奇的脑回路"以及怎么解释孩子都无法理解的状态，被气得"口不择言"。

"你怎么这么笨！"

"我怎么生出了你这么一个笨蛋！"

"这么简单都不会，我教过你几遍了？"

"你是不是故意气我？"

视频中父母的无奈之举让人哭笑不得，很多网友表示，视频中的父母就是生活中的"自己"。

对孩子失去耐心甚至责骂，似乎是大多数父母辅导孩子写作业时的常态。但常见并不意味着正确，这些语言非常不利于孩子建立自信心。

每个孩子与生俱来都渴望得到来自他人的肯定与鼓励，渴望鲜花与掌声，当然也希望得到父母的欣赏与认可。其实，当孩子在某件事情上表现得不那么擅长的时候，他心里已经产生了自我怀疑，而父母的责备会加重孩子的挫败感，甚至会让孩子自暴自弃，最终导致孩子的自信心被摧毁。

网络上还有这样的视频：孩子边哭边写作业，嘴里还说着"我怎么这么笨呀！"

这其实也反映了，当孩子努力做某件事却还不能做好时，就会陷入极度崩溃和自我否定的状态。同时，因为孩子的自我评价体系并没有发展成熟，一般会通过父母对自己的评价形成自我认知，而父母说孩子笨，会让孩子认为自己真的很笨，从而感到自卑。

所以，孩子自卑的性格都是由父母不当的言语造成的，要想孩子远离自卑，请停止对孩子说"你怎么这么笨"之类的话语。

四、"你都这么大了，怎么还不懂事"

我时常听到父母对孩子说这样的话。

"你都这么大了，怎么还要买玩具？还跟两三岁的小孩一样。"

"你都这么大了，怎么还这么调皮，就不能让我省点心吗？"

"你都这么大了，还是把学习当成我的事情吗？还需要我天天督促。"

"你都这么大了,还做这样的事。"

……

"你都这么大了……"这句话似乎是父母与孩子沟通的惯用句式,话语中充满了质疑、否定。父母常常认为,孩子在什么年龄段就应该做与其年龄相匹配的事情。而"与其年龄相匹配的行事标准"往往由父母自行设定,符合父母期望的行为,才是懂事、听话的表现;没有达到期望的行为则被视为孩子不听话、不懂事。这其实是对孩子的一种"能力绑架。"

从这种错误认知出发,父母往往会给孩子设定过高的期望。而这种期望会蒙蔽父母发现孩子进步的眼睛,进而导致父母不断否定孩子。这种否定会让孩子看不到自己的进步和成长,感受不到自己的价值,因此孩子变得一点也不自信。

很多孩子也常常向我"吐苦水":

"在妈妈眼里,我好像做什么都不行,总是达不到她的期望。不过我好像确实也不优秀,什么都做不好。"

"我觉得自己很差劲,学习成绩不好,还老喜欢看动漫。我总是达不到爸妈的期望,他们觉得我一点也不懂事。"

……

由此可见,如果给孩子设定过高的期望,父母看不到孩子进步的同时,也会让孩子陷入自我否定中,迷失自我。长期生活在这种状态下,孩子的自信心会不断受挫,觉得自己什么都做不好,导致最后什么也不想做。

所以,父母在与孩子沟通时,需要避免类似的表达,避免给孩子设定过高的期望,应多关注孩子的进步。

五、"你看看人家孩子……"

大多数父母常常会认为,自己家的孩子不如别人家的孩子。

"你看看隔壁王大妈家的女儿,学习成绩又好,还很听话,哪像你,一天到晚不学习,还净惹我生气。"

"你同学的学习习惯就很好,每天放学回家都是先完成作业,不像你,回来就看电视、打游戏。"

"我看你同学头发都是理得整整齐齐的,你看看自己,头发也不爱剪,一点都不像个学生的样子。"

"我看你朋友就挺会穿衣服的,你能不能学习下人家,打扮得像个女孩子一些。"

父母常常会拿别人家孩子的成绩、性格、习惯,甚至是发型、穿衣风格等方面来与自己的孩子作比较,希望用同龄人的事例正面引导自己的孩子。别人家的孩子在父母嘴里永远都是"一朵花",任何地方都比自己家的孩子优秀;而自己家的孩子永远是被贬低的那一个,哪里都不如别人。却不知,这种比较会深深地伤害孩子的自尊,打击他的自信心。

心理学中存在一个"负性攀比"的概念。它是指消极的、伴随有情绪性心理障碍的比较,会使个体陷入思维死角,产生巨大的精神压力和极端的自我否定或肯定。当父母在拿"别人家的孩子"作比较,并认为自己家的孩子不如别人时,往往会激发孩子的抵触情绪,产生负性攀比,让孩子陷入极度自我否定。

在我多年的线下课程中,我曾与很多孩子进行过面对面的沟通,他们向我分享最多的便是父母总拿自己与别人家的孩子进行比较,比如:

"最怕爸妈拿我跟别人作比较,那种比较会让我觉得自己特别差劲。"

"每次听到他说别人家的小孩的时候,我都特别生气,就想跟他反着来。"

"父母老说同学家的孩子多么优秀,但他们自己也不是别人家的父母呀。"

甚至有一个女孩对我说:

"我母亲老喜欢拿我跟我学霸闺蜜比较,每次即使我考了第一,她还是会想方设法挖苦我,虽然我的学习成绩很优秀,但我内心真的很自卑。"

可见,"别人家的孩子"一直都是亲子关系中的一个坎,甚至会成为孩子心中的一个芥蒂,影响孩子的自我评价,让孩子失去信心,甚至与父母走向对立面。

每个孩子都是与众不同的,都有自己的优缺点。父母拿别人家孩子的优点与自己家孩子的缺点作比较,无法让孩子形成积极健康的心态,也就无法正确面对自己的优缺点。因此,父母若想要孩子拥有积极乐观的心态,取得长足的进步,请不要拿别人家的孩子与自己家的孩子作比较。

思考:你认为还有哪些话会让孩子缺乏自信?

与孩子有效沟通的法则：先"跟"后"带"

在每个家庭中，父母每天都在与孩子沟通，企图用沟通的方式让小孩听话、懂事，让孩子养成更好的习惯，成为爱学习且优秀的人。

父母与孩子沟通时，常常会遇到这样的情况：

"明明是在关心孩子，他却不领情。"

"跟孩子讲了很多道理，他却嗤之以鼻。"

"好不容易挑起一个话题，想跟孩子心平气和地沟通，却常常事与愿违，在争论中草草收场。"

"跟孩子说不了两句话，他就不搭理人了。面对他的沉默，实在无能为力。"

……

为什么会出现这样的情况？

其实，这一切都源于我们的沟通没有技巧。

父母通常喜欢跟孩子讲道理，而讲道理和沟通完全是两码事。

孩子在接受教育时是具有选择性的，通常偏好于自己乐于接受的内容和方式，而不完全取决于是非对错的判断。在沟通中，大多数父母常常以内容为导向，用成人的认知方式向孩子"灌输"正确的观念，而没有用孩子容易接受的方式。并且，在不同的时期，基于其不同年龄阶段的知识储备、心智成熟度、生活经验等，孩子对事情有不同的认知与理解。倘若父母不能适应孩子动态的心理变化，用一成不变的沟通方式与孩子交流，则会让孩子越来越不听话，导致沟通无效，甚至取得适得其反的效果。孩子会出现本能的反抗、全然的拒绝、彻底的否定。

那么，作为父母，我们在日常生活中应该如何与孩子沟通呢？如何才能让孩子敞开心扉，跟我们畅所欲言呢？

不妨试试先"跟"后"带"的方式。先"跟"后"带"沟通技巧的具体释义如图 3-1 所示。

在日常生活中，先"跟"后"带"是我在与孩子长期的沟通过程中总结出来的行之有效的沟通法则。先"跟"后"带"先后顺序的区分，强调了以"跟"作为沟通的前提，具有不可忽视的意义，"跟"为亲子间的有效沟通架起了一座桥梁，让我们能成功地走进孩子的内心。因为只有走进去，才能"带"出来孩子真实的想法。

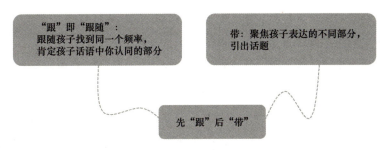

图 3-1　先"跟"后"带"沟通技巧的具体释义

一、先跟，与孩子"同频"

面对孩子这样的表达，你通常会如何与他沟通？

"早餐营养特别重要，我在学校每天早餐都吃两个鸡蛋。"孩子说。

父母错误的沟通方式：

☒ "每天早餐吃一个鸡蛋就够了，喝点粥，光吃鸡蛋怎么行呢。"

☒ "你这样不行，怎么能全吃鸡蛋呢？"

以上通常是我们的回答，看似再平常不过，却不是孩子喜欢的沟通方式，甚至可能会让他打开的"话匣子"即刻关闭，慢慢地，他便不再喜欢和我们沟通。

先"跟"后"带"，此时强调的是与孩子找到同一个频率，与孩子"共情"。

例如，就以上沟通内容，你需要先告诉他，你也有吃早餐的习惯，你也认为保证早餐营养很重要。沟通之前，父母应先感受他的情绪，找到他情绪表达上的重点。

正确的沟通方式：

☑ "你也关注早餐营养呀，我也觉得保证早餐营养很重要，所以我一直都有吃早餐的习惯。"

多年前，在一次线下亲子教育课程中，我碰到一位母亲，她向我分享了这样一个故事：

因为孩子对他的班主任有点意见，一次放学后，便开始对我吐槽老师的各种不好。

当时我并没有急着去反驳孩子，也没有立刻进行说教，比如说"你怎么能这样说你的老师呢""老师都是为了你们好"等。

相反，我选择一直倾听，观察孩子的情绪，甚至当孩子说到某些令他情绪激动的点时，我也会顺带着附和说"是呀，怎么能这样"。说着说着，孩子便哭了出来。其实，当孩子哭出来的那一刻，我觉得是好事，因为孩子的情绪找到了出口，后来当孩子情绪平稳后，又开心地笑了，并对我说："好像也没什么太大的事情，跟你说完，我感觉好轻松。"

经历过那次之后，我明显地感受到孩子好像变得什么事情都愿意跟我分享了，无论好的坏的。每天接孩子放学的路上，我也开始享受孩子在耳边"叨叨"的时光。

这位母亲在与孩子的沟通中，卸下了"父母"的身份，不急于反驳、指责，而是先跟随孩子找到同一频率，和孩子同频，与孩子"共情"。继而叩开心扉，让孩子的情绪得到好的释放。这种沟通才是有效的。

频率不同的两个人，就像是频道错位的收音机，永远也聊不到一块去。俗话说，"话不投机半句多"，大抵就是如此。在亲子沟通中，若父母找不到孩子的频率，可能会让他产生抗拒情绪，自然不能产生良性沟通，最终的效果也可想而知。

二、取同，复述孩子话语中你认同的部分

先"跟"后"带"法则中的第二个诀窍则是取同，即复述孩子的表达中你认同的那些部分，这样也是对孩子的一种肯定。

举个简单的例子，

当别人对你说："你很漂亮！"

你应该说："你说我很漂亮！"

这种有意识的重复，若仔细品味就会发现，每当你接受别人的肯定时，实则也是对对方的一种肯定。

再比如，

若孩子对你说："我很难过。"

你应该说："你刚刚跟我说你很难过。"

这样复述他说的话，实则就是在肯定他的情绪。这种重复的回答比直接问"怎么了""为什么"的效果要强得多。

肯定对方是沟通中需要遵循的一个原则，只有抓住肯定的这一部分，孩子才会愿意跟我们沟通。

通过"取同"的方式，可以把孩子的表达中我们认同的部分进行复述，进而自然

地带出之后的话题。

"我很难过。"

"你刚才说你很难过。"

"我跟老师闹矛盾了,他使我很愤怒。"

"我知道你愤怒的背后,是因为特别想成为一个好孩子,所以姜老师为你感到委屈。"

以上这段对话是我在凌晨2点钟接到一个学生打来的电话时与他沟通的内容。通常在面对类似的负面话题时,大部分父母的第一反应往往是"为什么要跟老师闹矛盾?"但也就是因为这一句话,便可能结束整个对话,让你与孩子之间失去了有效沟通的契机。

把孩子的表达中你认同的那些部分进行复述,是实现取同从而建立沟通基础的重要步骤。适当地重复并核对孩子所说的观点,能让他感受到我们在认真倾听并认同他的观点,从而给他正向反馈,这样也能自然引出他内心的真实想法。

三、取异,聚焦孩子表达的不同点

"取异",就是把亲子沟通的焦点放在孩子说话中他与你不同的部分。虽然这些观点可能与我们的观点"格格不入",却值得我们关注。

在与孩子沟通时,面对孩子不赞同的观点,父母应该如何利用取异的沟通技巧呢?

情景一:

"养成吃早餐的习惯很重要,我每天早上都吃两个鸡蛋。"父母为了突出早餐营养的重要性,便跟孩子说。

"鸡蛋的胆固醇含量太高,你还吃两个,反正我的早餐是绝对不允许鸡蛋存在的。"孩子开口道。

面对这样的沟通场景,父母应该如何继续跟孩子沟通?是选择开始说教早餐吃鸡蛋的重要性,还是据理力争,批判孩子不营养的早餐方式?

这时,取异变得极为重要——关注孩子的不同观点。

我通常会这样回答:

☑ "原来你是因为鸡蛋的胆固醇太高对身体不好,所以不会选择它作为早餐食物呀,那么,你早餐一般吃什么?"

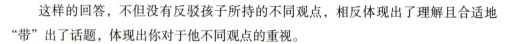

这样的回答,不但没有反驳孩子所持的不同观点,相反体现出了理解且合适地"带"出了话题,体现出你对于他不同观点的重视。

情景二:

父母:"要想取得好成绩,首先应该做到不偏科,全面发展。"

孩子:"我偏科了,我的成绩照样能排到前几名。"

面对这种情况,我通常会说:

☑ "其实你挺厉害的,其他科目你是怎么学得这么好的呀?"

聚焦孩子的不同观点,询问他所认同的点。

情景三:

父母:"养成好的学习习惯非常重要!"

孩子:"才不是呢,我们班上第一名天天上课睡觉。"

运用取异技巧:

☑ "看来你还是挺关注第一名的学习状态的,那根据你的观察,你觉得他为什么上课睡觉还能学习这么好?"

取异,实则体现了充分给予孩子平等与空间,让沟通变得有"余地"。

在亲子沟通中,父母最忌讳的莫过于自认为经历了大半生,总是自以为是地将个人的观点强加在孩子身上。这种方式不能称为"沟通",应该被称为"高压式灌输",自然达不到沟通的最初目的。

父母在沟通中运用先"跟"后"带"的技巧,首先应与孩子"同频",复述他话语中你认同的观点,即给予肯定,最后聚焦孩子产生的不同观点,承认总会有新的可能性,那么事情就总会有转机。

可以尝试运用先"跟"后"带"的沟通技巧针对以下话题与孩子进行沟通。

"孩子不写作业,先打游戏怎么办?"这是很多父母面临的最令人头痛的问题之一,这样的情境下父母还需要重视他不同的表达吗?答案是肯定的。

首先跟孩子这样沟通,

"你游戏打得真好,比我要强。"

接着,

"但我知道你在选择先打游戏的时候,内心一定也是相当纠结和难受的。"(给予肯定)

最后,

| 第3章 孩子的未来在父母的嘴里

"即便现在你还没有对学习产生浓厚的兴趣,但你经历了这种纠结,承受了这种压力,最终都是值得的,因为这段经历体验对你未来的人生将会产生很大的意义。"

这种沟通方式,虽然不能立竿见影地解决孩子打游戏的问题,但至少是一个良性的开始,会让孩子有与你继续沟通下去的意愿。

孩子是善良的,我们应该肯定认同的部分,接纳不同的部分,肯定孩子的情绪与动机,持续地对他给予肯定,他一定会发生变化。

在孩子的成长过程中,父母尝试认同和接纳他表达的不同观点,所谓的"叛逆期"就可能不会出现。在我看来,叛逆期实则是父母自己定义的,因为孩子在慢慢成长,他开始有了自己的思考和想法,慢慢地,便不再会按照我们的想法和我们给他设计好的道路去走,而我们固定的思维模式跟不上孩子成长的变化。这时,需要改变的是我们自己,我们需要去拥抱、接纳他们的不同。这样便会豁然开朗,我们与孩子的沟通才会有新的转机。

很多父母在听完先"跟"后"带"的沟通法则后并加以运用,之后都积极与我反馈,他们的亲子关系发生了好转,孩子开始变得愿意敞开心扉、愿意沟通。

> **练一练:** 你可以尝试找一个话题,运用先"跟"后"带"的沟通法则与孩子进行沟通。并在日后沟通中不断地运用这个法则,记录孩子的变化。

说什么不重要,怎么"说"才重要

1971年,美国著名心理学家、传播学家阿尔伯特·梅拉宾提出了梅拉宾法则,即"55387"定律,即人类在沟通中全部的表达信息 = 55% 的肢体语言信息 +38% 的声音信息 + 7% 的语言信息,如图3-2所示。

这一定律打破了人们长期以来对沟通的错误认知,一直以来被认定为最能传达意思的文字内容,在沟通中起到的效用却仅占7%,而常常被忽视的肢体语言和声音却分别高达55%和38%。

换言之,肢体语言和声音在沟通中起着举足轻重的作用。要想达到有效沟通,除了关注语言文字本身,肢体语言和声音、声调也同样值得重视。

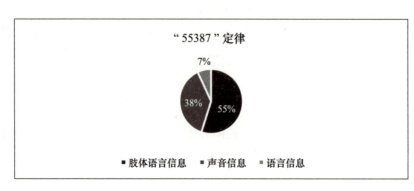

图 3-2 "55387"定律

一、与孩子沟通时,你的身体说了很多"话"

被大众所熟知的动画片《猫和老鼠》,为何没有多少语言文字,却丝毫不影响我们对其内容的理解?原因就在于动画内容中"猫"和"老鼠"的肢体语言向我们生动地传达了关键信息。当我们与孩子沟通时,我们的身体下意识地也说了很多"话",虽然我们可能并没有意识到这些"话",但它却真真实实地产生了作用,对沟通造成了无声的影响。

所谓的肢体语言,就是我们每个人在与他人沟通时,身体为了配合我们所讲的内容无意识地呈现出来的肢体动作,包括目光交流、身体移动(空间距离)、姿势姿态、动作手势、面部表情等。

试着回想一下,我们与孩子沟通时的场景及相关的肢体语言,完成以下测试。

测试一:眼部动作

当你与孩子沟通时,你的眼神经常看向哪里?

☐ 牢牢地盯住他

☐ 看着其他地方,不跟他眼神接触

☐ 与孩子进行眼神交流

多数情况下你的眼神是怎样的?

☐ 愤怒的

- ☐ 失望的
- ☐ 善意的
- ☐ 质疑的
- ☐ 平和的
- ☐ 真诚的

测试二：坐姿与位置

与孩子沟通时，你的坐姿是怎样的？你们的位置关系是怎样的？

- ☐ 仰躺在沙发上
- ☐ 端正坐在书桌旁

孩子选择了什么样的姿势？

- ☐ 坐在自己对面
- ☐ 坐在自己旁边
- ☐ 站着

你有没有注意过你跟他沟通时的位置关系？

- ☐ 离孩子很远，常常自己在客厅，孩子在房间，呼喊着说话
- ☐ 身体朝孩子微微倾斜，做倾听姿势
- ☐ 完全俯视孩子，采用"居高临下"的姿势

测试三：手部动作

在你与孩子沟通时，你的手经常会做什么样的动作？

- ☐ 一个手指或者两个手指指向他
- ☐ 戳他的脑门
- ☐ 拍拍他的肩膀
- ☐ 摸摸他的头
- ☐ 自己把手往后一背
- ☐ 将手交叉放在自己胸前
- ☐ 把手插在口袋里
- ☐ 经常手里拿着某样东西，比如一卷纸或者一个扫把

测试四：结束动作

☐ 拥抱

☐ 握手

☐ 拍他的肩膀

☐ 敲孩子脑袋，警示孩子

完成以上测试，我们便会发现，原来在与孩子沟通时，我们下意识地存在如此多的肢体"语言"，如眼部动作、坐姿、与孩子的位置、手部动作等。不同的肢体语言会向孩子传递不同的心理状态及情绪，会对沟通效果产生不同的影响。

父母在与孩子沟通时，保持恰当的眼神交流，会更加有利于沟通。父母的眼神需要真诚且充满善意，时不时用眼神"鼓励"孩子，示意孩子继续表达，但切忌不要一直盯着孩子，这样会给孩子制造紧张感和压迫感。

父母与孩子沟通时的坐姿、与孩子之间的位置也会影响沟通效果。父母最好选择与孩子同时坐下沟通，端正坐姿，身体可以微微前倾，对孩子保持倾听状态。这种状态体现了父母对沟通的重视和对孩子的充分尊重。首先，孩子在心理上会感受到被父母尊重；同时，父母的态度也会感染孩子，让孩子更加认真地对待这次沟通。这样沟通便会有一个良好的开端。

父母与孩子沟通时，需要注意自己的手部动作。"用手指着孩子""戳孩子的脑门"都是极不尊重孩子的表现；"将手交叉放在自己的胸前"向孩子传递的是"不认同"或"不屑"的态度；"自己把手往后一背""把手插在口袋里""经常手里拿着某样东西，比如一卷纸或者一个扫把"，则体现了父母高高在上的姿态。以上这些动作都不利于沟通，父母在沟通中需要避免这些手部动作。可以适时地拍拍孩子的肩膀或者是摸摸孩子的头（前提是孩子不反感此类做法），以此表达爱意。

在沟通完成后，可以给孩子一个拥抱，告诉孩子"父母依然爱你"；或是与孩子握手，与孩子像朋友一样相处；抑或是拍拍孩子的肩膀以示鼓励和认可。值得注意的是，父母千万不要敲孩子的脑袋，因为这种肢体语言向孩子传递的是"打压""挑衅"等信息。

在与孩子沟通中，父母应该重视自己的肢体语言，善于运用肢体语言来达到有效沟通。

第3章 孩子的未来在父母的嘴里

二、一个温暖的拥抱，远比说教更能得到孩子的回应

我们常常会在国外的影片中看到这样的场景：当主人公遇到难过的事情而向家人、朋友倾诉时，家人、朋友往往并不会用太多的语言去安慰主人公，而是会给主人公一个深情、温暖的拥抱。

拥抱是一种身体接触，从孩子成长的过程来看，经常被父母拥抱，有利于孩子在亲子关系中形成安全依赖，促进与父母之间的情感交流，也能帮助孩子更好地控制情绪和提高认知能力。

现实生活中，绝大多数父母在孩子的成长中更喜欢用语言引导孩子，却忽视了拥抱的重要作用。

一位母亲曾跟我说，"我的孩子性格太犟了，一旦情绪崩溃，怎么哄都没有用。一次孩子在商场里看到了一款玩具，要求我给他买，但因为家中类似的玩具太多，我便没有满足他的要求。于是孩子在商场里大哭大闹，怎么跟他讲道理都没用，越讲道理，孩子哭的声音反而越大。以至于后来我们都不敢再带孩子出门。"

我对这位母亲说，处理这种情况的方式其实很简单，下次当孩子情绪崩溃时，你只需要用一个温暖的拥抱去安慰他。

当孩子有不良情绪的时候，跟他讲道理是无效的，相反会使他更加烦躁。这个时候不需要文字上的说教，只需要身体语言，让孩子感受到你对他的接纳和爱。所以，对于年纪不大的孩子，你可以把他拥入怀中，起初他也许会反抗，但你会发现你只需平静地、安然地持续这个动作，并在他耳边轻轻告诉他"妈妈爱你，爸爸爱你，你是安全的"，孩子便能很快安静下来，将情绪调整好。

三、一个微笑，比说教更有教育引导效果

父母是孩子的一面镜子，父母常常愁眉苦脸，孩子也会愁眉苦脸；父母脸上常带微笑，孩子脸上也会常带微笑。父母经常对孩子微笑，会使孩子的情绪更加积极，性格也会更加乐观。父母经常微笑，对于孩子的成长至关重要。

在某档亲子节目中，节目组做了这样一组实验：让小宝宝与母亲分处于"悬崖"两边，在母亲面无表情和微笑的两种面部情绪下，分别观察宝宝的行为。

第一轮实验：母亲面无表情且沉默不语，与宝宝分处于"悬崖"平台两端。宝宝开始缓慢爬向母亲，遇到中间的"悬崖"障碍后，便开始观察母亲。母亲丝毫不为所

动,在这种情况下,有的宝宝便原地返回,有的宝宝不知所措,便哭了起来。

第二轮实验:母亲面带微笑,与被隔离在"悬崖"另一端的宝宝相向而望。这使宝宝勇敢地爬向母亲,在遇到"悬崖"后,也准备直接爬过去。之后继续增加实验难度,在"悬崖"中增加了火海效果,母亲继续微笑,宝宝望向母亲,最终还是选择勇敢地爬了过去。

在这组实验中,面无表情的母亲,让孩子不知所措;而微笑的母亲,却帮宝宝战胜了困境。

在现实生活中,父母的微笑体现了父母积极、乐观的生活态度,包含了对孩子包容、积极、认可、欣赏等态度,对于孩子的成长具有重要意义,比说教更具有教育引导效果。

一位母亲在学完我的线下课程后,分享了这样一件事情。

一次,我接到孩子的老师打来的电话,说孩子在学校用手指捏了同学的手臂,问他原因,却什么也不说,只说需要我去学校处理一下。

当时我工作正忙,但还是急急忙忙地赶到学校,心里充满了怒火,但转念一想在课程中学到的"微笑"的重要性,我立刻平缓了自己的心情。在见到孩子的第一眼,我看他耷拉着脸,充满恐惧地看着我,那一刻,我什么话也没说,只是给了他一个微笑。

孩子见状,一下子觉得特别委屈和惭愧,便嘟哝着跟我说:"妈妈,他欺负女孩子,所以我轻轻地捏了他的手臂,但是我知道错了,我不该用这种暴力的方式对待我的同学。"

那一刻,我觉得非常感动,因为平时我对孩子的教育方式一直都特别严厉,很少对他微笑,每次在他犯错时,我苦口婆心地进行教育,他都只是沉默,并没有任何回应。在那一刻,我才知道,原来我一直认为跟他存在沟通障碍,实际上是我自己与他的沟通方式一直存在问题。有时候,一个微笑的力量真的远比我们想象中重要得多。

我们常常会抱怨孩子不听话,其实很大程度上是因为我们的教育方式存在问题——我们总是习惯苦口婆心地给孩子讲大道理,却常常忽视了微笑的引导作用。

父母善于运用微笑,给孩子积极的暗示与引导,让孩子的心灵储蓄罐里装满爱,那么爱便会"流动"起来,孩子也会朝着越来越好的方向发展。

四、读懂孩子的肢体语言

父母在沟通中会无意识地使用一些肢体语言,孩子亦是如此。有时候,出于某种原因,孩子可能并不会直接表露自己的想法,这时我们便可以通过解读孩子的肢体语言,读懂孩子的内心,进而实现有效沟通。

有时候父母可能认为孩子的行为是"无理取闹",其实那只是因为我们没有读懂孩子的肢体语言。

当接孩子放学时,母亲询问他:"今天怎么样?"

孩子环顾四周,低下了头,撅起了嘴,皱皱眉头,吸了吸鼻子,然后若无其事地跟母亲说:"很好啊。"若母亲忽视了他的这些小动作,可能便不会察觉他的异样。

于是母亲继续问道:"最近考试了吗?学习进步没?有没有觉得哪门科目比较难?"

孩子轻声叹了口气,说道:"没考,还要过一段时间。"

母亲还是没有察觉。

到家后,他坐在客厅里,若无其事地吃着水果。

母亲对他说:"休息会,然后抓紧学习。"

于是孩子冷冷地甩了一句:"你能不能让我放松会!"接着啪的一声摔门进了房间。

一时间,母亲可能不知道究竟是哪里出现了问题,明明前一秒都还好好的,为何孩子突然间发如此大的脾气。其实问题的关键就在于母亲一开始便忽视了孩子的肢体语言,没有关注到孩子内心真实的情绪和想法,让他的负面情绪越积越多,最终爆发。

例如,在第一次沟通时,他的肢体语言,如"低头、皱眉、吸鼻子"等,就已经告诉了母亲,他的情绪不好,并不是口中所说的"很好啊"。倘若母亲能及时发现他的肢体语言,了解到他真实的情绪,停止喋喋不休,试着开导他,并帮助他排解不良情绪,那么结果可能会完全不一样。

也许很多父母知道肢体语言的重要性,也能在与孩子的沟通中及时注意到孩子的肢体语言,只是"苦于"不知道这些肢体语言所表达的真实含义。因此,我总结了一些孩子常见的肢体语言及其所表达的含义,见表3-1。

表 3-1　孩子常见的肢体语言及其所表达的含义

沟通时孩子常见的肢体语言	具体含义
目光直接接触	代表友善、真诚、自信
目光闪烁回避	代表紧张、害怕、逃避、被动、无关紧要
身体前倾	代表感兴趣、关注、关心
微笑	代表满意、明白、理解、鼓励
轻微摇头	代表不同意、不相信
挠头	代表不相信、迷惑
抬眉	代表惊讶、难以置信
咬指甲、咬嘴唇	代表紧张、害怕、担忧、没有把握
坐在椅子边缘	代表紧张、不安、担心
双手抱胸	代表生气、不同意、不理解、防卫
双手相交	代表紧张、害怕、担忧
不断变更坐姿，交叠双腿	代表厌烦、焦虑、烦躁、担心
坐姿懒散	代表疲倦、厌烦、放松、傲慢
看表	代表缺乏耐心
玩弄其他物品	代表心不在焉
耸肩	代表不以为然或无可奈何

了解孩子透过这些肢体语言传达出的真实信息，对于父母加深对孩子的理解，促进与孩子之间的交流和沟通具有重要意义。

练一练：你平时与孩子沟通时最常用的肢体语言是什么样的？根据生活经验，找出孩子最喜欢的表达方式。

语音语调能拉近与孩子的距离

"这么晚了,你怎么还没睡?"同样一句话,用不同的语音语调表达,可以让这句话产生不同的意味,关心、担忧、责备、呵斥……作为父母,若不注重说话的语音语调,有时候哪怕是一句关心的话语,也会变成"恶语"。而父母恰当地运用语音语调,却能让孩子敞开心扉,让自己真正走进孩子的心里。

同样一句话,用不同的语音语调表达,会产生截然不同的意思。例如,"这么晚了,你怎么还没睡?"如果用温柔的语调说出,能让孩子感受到父母的关心和担忧;如果用生气的语调说出,则会让孩子感受到被责备、被呵斥。作为父母,若是不注重说话时的语音语调,便会使我们本身想要表达的意思在传达到孩子耳中时"变了味道",这便是语音语调在亲子沟通中的重要性。

一、认识声调的特性

在生活中,父母不同的声调特性也会给孩子带来不同的刺激和反应。父母常常抱怨自己的话语对孩子起不到作用,没有说服力,或让孩子厌烦,也许是与孩子的沟通中语音语调出现了问题。

试着感受以下情景中三种声调所带给人的感受。

"宝贝,快点,快点,快点起来,赶紧穿好衣服,赶紧弄好,赶快出来吃饭,快点呀。"母亲的催促像鼓点一样密密麻麻、重重地落在孩子"心上"。

"宝贝,起来吧,你看看现在都几点了呀,再不起来就会迟到哟,迟到了挨老师的批评,那可怎么办?"另一位母亲轻柔地叫着孩子起床。

"我看时钟7点了,你现在只有10分钟的起床准备时间了,现在马上起来穿好衣服,吃完早餐上学。"母亲用理性、平和的声音叫孩子起床。

假如,以孩子起床为目标,试着感受这三种不同的声调,哪一个能够推动你起床呢?答案是第三种。**高、快、急的声调会让人产生恐惧、紧张、厌烦、逃避的情绪;特别慢、柔、低的声调,会表现出无力感,没有推动力;而中等的声调会让人感觉有威严和威力,迫于一种压力准备去做**,所以不同声调的物理特性不一样,给孩子所带来的心理感受不一样,孩子做出的行为反应也不一样。

二、走出与语音语调相关的误区

在沟通中，我们需要走出一些与声调相关的误区。

很多人一直认为，说话音量越大，声音越高，速度越快，就会越有说服力，其实不然。很多精彩的演讲，并不是声嘶力竭，很多轻声细语的表达同样可以具备很强的说服力。相反，在沟通中长期高分贝的输出会给孩子带来烦躁感与不适感，或增加孩子的恐惧，让孩子在潜意识中自动识别这些声调，做出本能的防御。

心理学家曾对家长批评孩子时的语调及其效果做了相关实验。实验表明，家长语调越高昂、语气越激烈，越容易让孩子形成对立情绪。反之，家长语调越平和、语气越冷静，会让孩子更加乐于接受。

在现实生活中，我们常常看到这样的场景，面对孩子"撒泼打滚"，带有不良情绪时，父母通常会大声斥责，但往往越是这样，孩子的哭喊声会越高，不但不能达到安抚的效果，反而"两败俱伤"。这是因为父母的高声调会让孩子更加关注负面情绪，而不是沟通内容本身，高声调的沟通往往会使双方暴躁冲动，失去理智。

胆小的孩子遇到父母的高声呵斥会恐惧不已，久而久之，孩子跟父母的关系就像"老鼠和猫"一样，无法正常沟通。

另外，很多父母也存在另外一个误区，认为声调是天生的，因此无论在任何场合都是同样的声调。这种不分场合的单一声调，无法重视不同语境下的表达，可想而知，是达不到有效沟通的。

三、灵活运用声调，关注语境

我们需要在沟通中灵活运用声调，观察孩子的声音特性，关注不同的语境，重视沟通的最终目的。

当我们跟孩子说悄悄话的时候，我们就用小而柔和的声调；当孩子表达激动兴奋之情的时候，我们可以用适当欢快的声调去反馈他；当孩子不紧不慢地表达时，我们便配合他，用不紧不慢的腔调说话。父母学会敏锐地抓住孩子的情绪，用不同的声调与孩子对话，这样才能带给孩子舒适的沟通感受，沟通才能达到效果。

在具体操作中，父母需要有一双敏锐的耳朵，能够即刻感受到孩子声调具有怎样的特点。

比如，孩子突然兴奋地跟你说："妈妈，我跟你说件事，是关于我朋友的。"

| 第3章　孩子的未来在父母的嘴里

☒ "你能讲讲学习不？"你说。

或者，

☒ "赶紧洗手，先吃饭再说。"你不紧不慢地说。

显然，你的语调完全浇灭了孩子分享的热情。

你可以这样说，

☑ "哇，是什么事情让你这么兴奋，快来跟我说说吧。"

你需要抓住孩子兴奋的情绪，配合他，表达中语调应该饱含兴奋和期待。

> 思考：你平时最常用哪种语音语调与孩子对话？从沟通效果出发，你认为自己是否需要作出改变？

话语中的禁忌区

国际非暴力沟通中心创始人马歇尔·卢森堡博士说："也许我们并不认为自己的谈话方式是'暴力'的，但我们的语言确实常常引发自己和他人的痛苦。"在亲子沟通中，父母有时看似一句简单的话语，却能给孩子留下不能磨灭的影响，甚至直接决定了孩子人生的"温度"。

良药不一定要苦口，忠言也不一定要逆耳，若沟通中存在更好的表达方式，父母一定不要选择剑走偏锋，而是应该选择更好的表达方式。

一、把随意表达改为有意识地表达

有的父母常常会说："我是一个心直口快的人，想到什么就说什么，但我的初衷是好的。"

也有父母经常告诉孩子："我这样说都是为你好，所以你应该接受。"

这就是随意表达——父母心直口快，对孩子想到什么就说什么，虽然初衷都是"为孩子好"，却全然没有顾及孩子的感受。

然而，无论是心直口快，还是以"为对方好"为动机，这种随意表达最终往往没有达到有效沟通的效果。

父母的心直口快可能会让孩子感觉不被尊重；父母"为孩子好"的动机甚至会让孩子感受到压力、压抑，最终让孩子害怕与父母沟通。

在我小的时候，一位亲戚对我非常好，但我却非常害怕跟她待在一起。原因是她是一个心直口快的人，常常想到什么就说什么，说话一点也不给对方留余地。还记得我小时候是属于长个子比较晚的，从小学到初中都非常矮，所以，这位亲戚每次见到我，总会评价我的身高，"你说你咋这么矮呢，我看你爸妈也不矮呀，别人都说太矮就跟轻微残疾差不多，你可得再长高点。"她有时候甚至还会跟旁人评论我："这个姑娘啥都好，就是太矮了。"

她的这些话看似在为我的身高担忧，而我非但没有感受到她的好，甚至还一度因为她的这些话陷入了极度自卑之中，特别在意我的身高，甚至开始为我的外貌焦虑。直到后来，我长大了，时隔多年再次见到她时，她说了一句"你后来还是长高了些"，她的这些话又一次揭开了我的伤疤。或许她永远也不知道，因为她的那些话，我花了多久去治愈，幸而我找到了自己的价值，把自己从自卑中拉了回来，否则我都不敢想象我现在的样子。

同样的道理，父母在与孩子的沟通中，不应该只图自己一时口快，或总拿"为孩子好"的动机当挡箭牌，任由自己肆意中伤孩子。相反，父母若为孩子考虑，就应该站在孩子的角度设身处地地为孩子着想："孩子到底渴望怎样的沟通？"

父母可以询问孩子，"你喜欢我以什么样的方式与你沟通？"或者问孩子，"我以什么样的方式跟你沟通时，你会比较容易接受？"父母在乎孩子的感受，孩子自然也乐意告知父母自己喜欢的方式，指出平日沟通中令他反感的言行，为双方有效沟通指明方向。

同时，改变随意表达，还要求父母对所说的文字和内容进行选择，要斟酌地去说。在表达之前，首先应思考"这样说是否会对这件事产生更好的效果，或者还是会使事情变得更差"。

父母只有将随意表达改为有意识地表达，才能让沟通达到理想的效果。

二、把必须怎么样的词换成可选择性的词

一次，一位母亲约她的孩子来见我，可任凭母亲怎么劝说，孩子就是不行动。万般无奈之下，孩子的母亲只好打电话向我求助。

| 第3章 孩子的未来在父母的嘴里

我通过电话与孩子进行了一次沟通,以下是我们对话的过程。

"我见了很多辅导老师,也上了他们的课,但是都没有效果。"孩子在电话那边对我说。

我并没有着急反驳他,比如你见我就一定会有效果,你一定要来,或者是我跟别人不一样,你必须来。我对孩子说:"也许吧,也许你来见了我也没有效果,但是你不来的话,一定没有效果。"

他停留了5秒钟,对我说:"你现在在哪里,我去见你。"

就这短短的几句对话,没有命令,充分给他选择的权利,让他在感受到尊重的同时,决定要试一试。

父母经常会对孩子说你必须这样做,你应该这样做,孩子就会觉得凭什么、为什么。这样的沟通方式没有给孩子选择的余地,孩子的逆反情绪就会被激发出来。若换一种表达方式,将"必须"变成"也许""可能""我猜想"等可选择性的词,那么效果会完全不一样。

- ☒ "你今天必须去。"
- ☑ "我觉得你可能会想去。"
- ☒ "你必须考90分以上。"
- ☑ "我猜,也许你这次能考90分以上。"
- ☒ "今天温度低,你必须把外套穿上。"
- ☑ "今天温度很低,你可以先出去感受一下,也许就会觉得需要穿外套了。"
- ☒ "你必须把青菜全部吃完。"
- ☑ "我猜你一定可以把青菜吃完。"

当父母用选择性的词语与孩子沟通时,在孩子眼中,父母便没有了高高在上的权威感,那么沟通便建立在平等和尊重之上,这样,孩子自然愿意与父母交流自己最真实的想法,沟通就能达到效果了。

所以,父母在与孩子的沟通中,应少说"必须"等命令性词语,而应将命令性的词语转变为可选择性的词语,给孩子留有充分选择的权利和余地。

三、变负面表达为正面表达

父母在教育孩子时使用不同的语言,能给孩子带来完全不同的感受,进而产生截然不同的影响。

正如我们从小到大习惯被教导"不要怎样""不应该这样",总是一些负面表达多于正面表达。但往往越被暗示不要做某些事,孩子越会做某些事情,起到了完全相反的作用。

下面做一个测试,你便能很快明白其中的原理。

不要想大熊猫,不要想四川乐山的大熊猫,不要想黑白花相间的大熊猫,不要想脖子上挂着铃铛的大熊猫。

我们发现,越不让人想起大熊猫,那么我们越是反其道而行之,脑海中全是黑白花相间、脖子上挂着铃铛的大熊猫。因此,同样的道理,当我们让孩子不要紧张时,孩子往往会越紧张;提醒孩子不要忘记写作业,不要跟老师作对,不要跟同学打架,但最终结果正好相反。

如果父母换一种方式,找出负面词语的反义词,将其改为正向的说法来表达自己的期望,那么产生的效果便不一样。

- ☒ "你不要想大熊猫。"
- ☑ "你可以想长颈鹿。"
- ☒ "你不要紧张。"
- ☑ "你可以试着放松一点。"
- ☒ "不要忘记写作业。"
- ☑ "我希望你能把作业写好。"
- ☒ "不要跟同学打架。"
- ☑ "你跟同学会有愉快的一天。"
- ☒ "你怎么这么粗心。"
- ☑ "我希望你能认真一点。"
- ☒ "你怎么把这里弄得这么脏/乱。"
- ☑ "你可以帮我把这收拾干净、弄整洁。"

负面的语言表达方式往往带有一定的情绪,多半是责备,这往往会给孩子带来伤害。而正面的语言是信任、是鼓励,是希望,能给人一种能量,让人能从心理上接受,并自然而然地改变,这样沟通便产生了作用。所以,父母在与孩子沟通时,应该多采用正面的表达方式。

四、巧用关键字词

汉语文字博大精深，往往一字之差，带给人的感受却大相径庭。父母在与孩子交流的过程中，也需要善用关键字词，在正确表达语意的同时，带给孩子更好地沟通感受。

1. 把"如果"换成"当"

假如我们跟孩子说：

"如果你这次考试考得好，我就给你买辆自行车。"

也许孩子会赌气说：

"我才不要自行车。"

倘若换一个说法：

"当你这次考得好的时候，我会买辆自行车。"

仔细感受一下，前者与后者的区别。"如果"的语句中传达给孩子更多的是条件，但"当"是一种比较自然的承接，既没有给孩子太大的压力，也饱含一种期待，这样也能给孩子一股动力。

2. 把"不能"改成"不会"

其次，父母还可以把"不能"改成"不会"。

☒ "你不能再这样下去了。"

☑ "我知道你不会继续这样了，对吗？"

☒ "你不能偏科。"

☑ "你不会偏科的。"

☒ "你不能挑食。"

☑ "你不会挑食的。"

"不能"完全否定了孩子在某方面的能力，还带有强制的意味，而"不会"却充满了希望和期待，让孩子愿意去进行选择和改变。

3. 把"但是"改为"同时"

我们常常会对孩子这样说：

☒ "你过去表现得挺好，但是要是以后也这么好就好了。"

☒ "你数学很好，但是语文不好。"

每当这样表达，我们都是在从某个层面对孩子进行预判和否定，"但是"表达转折，即使前面做得很好，重点却在后面，话语中透露着对孩子的不信任，这样很容易让孩子产生抗拒心理。

所以，父母可以这样表达，将"但是"改为"同时"。

- ☑ "你过去表现挺好的，同时我相信你会越来越好。"
- ☑ "你数学成绩挺好的，同时把英语补上来就更好了。"

这样的语言给孩子提供了更多的可能性，让孩子听起来更舒服，因此会让孩子从之前抗拒的心理变得乐于接受。

练一练：你可以尝试用以上方法与孩子进行沟通交流，关注孩子的反应及变化。

第4章

学会表达第一真实情绪,而不是第二愤怒情绪

揣着最爱的心,说着最"狠"的话,是父母与孩子沟通时的常态。之所以出现这种情况,是因为父母在与孩子沟通时,表达的是情绪,而不是内心真实的想法。好的沟通方式是表达第一真实的情绪,而不是情绪化表达。

情绪失控的父母,是孩子一生的噩梦

教育孩子是父母的一场修行,而情绪失控则是父母在这场修行中遭遇的最大"魔障"。父母情绪失控,会让孩子产生紧张、恐惧、焦虑等情绪,久而久之,可能会令孩子形成懦弱、自卑的性格和不健全的人格。

在现实生活中,父母会因情绪失控而在孩子面前吵架,抱怨生活的艰难,或者吼孩子等,父母的这些行为会给孩子造成一生都无法痊愈的"伤"。

一、在孩子面前吵架

在我的线下课程中,有很多孩子向我反馈,他们最害怕父母在自己面前吵架。

"爸爸妈妈经常在我面前吵架,我非常害怕,只能哭泣着请求他们不要再吵了,但他们总是顾不上我,甚至会越吵越凶。"

"我的爸爸妈妈经常吵架,爸爸还很凶,每次我都觉得妈妈很可怜,我想帮妈妈,但是我很害怕爸爸也会对我这么凶。他们吵架之后,我就变成了他们之间的传话筒,每次给爸爸传话时,我都想跟爸爸说'你怎么不自己去说',但是我不敢。每次给他们传话时,我都小心翼翼,生怕他们因为哪句话再次吵起来。"

"我不明白,为什么我都这么乖了,爸爸妈妈还要吵架。"

父母在孩子面前吵架,孩子显得弱小无助。在现实生活中,很多父母都明白,在孩子面前吵架会给孩子造成负面影响,却总是控制不住自己的情绪。

父母在孩子面前吵架,究竟会给孩子造成哪些方面的影响呢?主要有以下两点。

1. 让孩子缺乏安全感

父母在发生激烈争吵时,往往会忽视孩子的感受,甚至会说出一些伤害家庭亲密关系的"气话"。这样会让孩子将父母吵架的原因归咎到自己身上,从自己身上找原因,"我是不是哪里表现得不够好?""他们是不是因为我而生气?""爸爸妈妈是不是不爱我了?"这都让孩子充满不安。

同时,父母是孩子在这个世界上最信任的人,一旦父母吵架,会让孩子无法理解。当他看到自己最依赖的两个人相互伤害时,他会感觉到原本安全的家庭环境受到威胁,而自己又无力挽救;同时,孩子也会在忠实于父亲或忠实于母亲之间感到不知所措,陷入无尽的烦恼之中。无力感和恐惧感,会让孩子觉得这个家庭随时都有可能"崩塌"。

2. 让孩子养成自卑的性格

若父母长期吵架，会让孩子长期处于恐惧和不安中，让孩子处处变得小心翼翼，生怕因自己说错话、做错事而影响家庭关系，孩子会变得极其敏感，开始不愿意与外界交流，进而走向自卑。

二、在孩子面前抱怨生活

在现实生活中，父母面临着各种各样的压力，比如车贷、房贷、工作上的压力，赡养父母、教育子女方面的压力等。面对这些压力，父母难免会情绪失控，在孩子面前抱怨生活的艰难。

例如，父母常常会产生这样的抱怨：

"要不是为了还房贷，我早就辞去现在的工作，重新找一份工作了，现在这份工作真的太磨人了。"

"我每天忙得连东南西北都找不到，到头来，还是这么点工资。"

"加班，加班，已经连续一个月都没有休息过了，我什么时候才能好好休息一次。"

"感觉家里人都不能体谅、理解我。我这么辛苦，真不知道是为了谁。"

父母这些抱怨的话语，会在无形之中对孩子产生负面影响，且这种负面影响不亚于在孩子面前吵架。父母在孩子面前抱怨生活，对孩子产生的负面影响主要有以下两点。

1. 增加孩子的心理压力，让孩子养成懦弱的性格

孩子本来应该是无忧无虑的，但父母在孩子面前抱怨生活，却让孩子提前接触到了生活的重担和压力。这种压力完全超过了孩子当前的心理成熟度与承受度，因而让孩子还没来得及经历就失去了面对未来生活的勇气，让他们不自觉地想要逃避。长此以往，这种逃避心理会蔓延到孩子所做的每件事情上，使他们养成逃避、懦弱的性格。

2. 让孩子养成消极的生活态度，丧失感知幸福的能力

父母在孩子面前抱怨生活，无形之中也向孩子传递了一种消极的生活态度。在这种消极态度下，父母会开始怨天尤人，把自身遭遇的不顺、挫折归咎于外因，而不会从自身找原因，进而变得不满于现状但又不求改变。父母是孩子的第一任老师，在父母这种消极心态的影响下，孩子也会更加消极，对任何事情都很难提起兴趣，甚至对

人生都失去了希望，也就丧失了感知幸福的能力。

三、在孩子面前评论、批评或责骂他人

很多父母常常会当着孩子的面评论他人，批评他人，甚至责骂他人。

"隔壁王阿姨真小气，我长这么大，还没见过这么小气的人。"一位母亲在饭桌上，当着孩子的面数落隔壁王阿姨的各种"小气"事件。

"你奶奶一点都不爱收拾，老是喜欢把这些破烂放到家里来。"一位母亲当着孩子的面数落自己的婆婆。

"真是一个窝囊废。"一位母亲当着孩子的面责骂自己的丈夫。

评论、批评甚至是责骂他人在很多家庭中犹如"家常便饭"一样，几乎时时刻刻都在发生，而很多父母并没有意识到这些行为会给孩子造成不良影响。

那么，在孩子面前评论、批评、责骂他人，到底会给孩子造成哪些负面影响呢？主要有以下两点。

1. 误导孩子，让孩子开始"效仿"

父母的这种行为会误导孩子，让孩子认为可以随便对人评头论足，或随便批评、责骂他人，让孩子意识不到这是不尊重他人的表现，于是孩子开始"效仿"这种行为。

例如，一位母亲常常当着孩子的面责骂孩子父亲没用，是"窝囊废"，久而久之，孩子也开始不尊重父亲，有时甚至学着母亲的话语骂父亲。

2. 不利于孩子处理人际关系

父母这种不当的行为，会让孩子在小小年纪就变得尖酸刻薄、满口脏话或不尊重他人。这类孩子习惯以自我为中心，会在无意中通过贬低他人来抬高自己。因此，当这些孩子走进学校或者走上社会之后，都很难赢得他人的喜爱，因为他们时常在沟通中中伤他人，不利于孩子处理人际关系。

四、对孩子吼叫

父母在教育孩子的过程中，常常因为性格急躁或无法正确处理自己的情绪而对孩子大吼大叫。很多父母也表示自己吼完孩子之后就后悔了，感觉有愧于孩子，但在那一刻就是无法控制自己心中的那股"火"。

父母无法控制自己的情绪而吼孩子,孩子的心理感受是怎样的呢?主要有以下两点。

1. 让孩子养成自卑的性格

经常被父母吼叫的孩子在做任何事情时都会变得小心翼翼,生怕自己的行为让父母不满意。这样会让孩子变得畏手畏脚,缺乏主见。同时,长时间生活在这种环境下的孩子会产生自我怀疑,久而久之,孩子会养成自卑的性格。

2. 让孩子变得不愿意与父母沟通,使亲子关系变得紧张

父母的吼叫声会让孩子陷入恐惧之中,让孩子有话说不出,也无法为自己辩解,最终变得不愿意与父母沟通。

其次,父母的吼叫极容易让孩子产生对立情绪,错误地让孩子认为父母不够爱自己,而这种意识一旦形成,就会使亲子关系变得紧张。

> **思考:** 你是否经常在孩子面前情绪失控?试着回忆当时的情景及孩子的反应,思考以后该如何避免发生类似情况。

父母如何表达第一真实情绪

全面深刻地认识到情绪失控会给孩子造成的一系列负面影响之后,父母应该如何避免产生这种负面影响呢?

父母应该学会如何表达自己的第一真实情绪。

什么是第一真实情绪?相信大多数父母都有类似的经历:

早上孩子赖床,怎么都叫不起来,叫了四五遍,一点动静都没有,于是忍不住开始发火:"再不起来,我就不管你了……"

孩子好不容易起来了,又开始在餐桌上挑三拣四,这不吃,那不吃,于是父母又一次忍不住对孩子发火:"你吃个饭怎么这么多事,我看你这不吃那不吃的,到时候长不高谁要你……"

好不容易出了门,孩子却在路上东瞧西望,磨磨蹭蹭,父母又吼:"你在后面干啥呢?快点呀,送完你我还赶着去上班呢。"晚上辅导孩子写作业时,孩子学习也不认

真，刚坐下一会，便要去上厕所，一会又要喝水，一会啃指甲，一会又开始玩笔袋，于是父母又开始教训孩子……

这样类似的"剧目"似乎每天都在各个家庭中上演，父母常常因为孩子种种让人"不满意"的表现而情绪失控，继而向孩子发火，但父母是否思考过，我们向孩子传递的情绪是我们内心真实的情绪吗？

换言之，当孩子赖床时，我们的第一真实情绪其实并不是愤怒，而是担心孩子迟到，但这种担心不断积压，最终需要发泄，继而向孩子传递了愤怒；再比如，当孩子挑食时，我们的第一真实情绪也不是愤怒，而是担心孩子的身体健康，害怕孩子缺乏营养，影响孩子的成长；当孩子不做作业而是磨磨蹭蹭找理由时，我们的第一真实情绪也不是愤怒，而是担心孩子学习跟不上，考不上好的学校，影响孩子的未来。

简言之，面对孩子的种种行为，父母的第一真实情绪是爱和担忧，而愤怒只是第二情绪。

那么，父母应该如何表达自己的第一真实情绪呢？大体可以从以下四个方面进行表达。

一、别为结果动怒，要知道问题出在哪里

当孩子犯错时，大多数父母总是会在第一时间批评、责骂孩子。

例如，大多数家庭中常常出现类似的场景。

☒ "你还抢别的小朋友的玩具，谁教你的？"

☒ "老师反映你上课特别爱跟同桌讲话，你是觉得自己成绩特好，是吧？上课不好好学习。"

☒ "让你不要拿，你非要拿，看，这下好了吧，全洒了。"

孩子在成长的过程中，总会犯这样或者那样的错误，而家长急着批评、指责孩子的错误，不但不能帮助孩子解决问题，反而没能让孩子获得解决问题的能力。

那么，当孩子表现不好时，父母应该如何引导孩子呢？具体步骤如下。

1. 摆正心态，停止对孩子的批评和责骂

孩子在成长过程中犯错，本就是不可避免的，而且犯错后，若能得到父母的正确引导，反而能提升孩子解决问题的能力，让孩子在下次面临同样的问题时正确处理，避免犯错。因此，父母需要摆正心态，不要害怕孩子犯错，更不要在孩子犯错后，不分青红皂白，劈头盖脸地将孩子骂一顿。

2. 心平气和地与孩子沟通，给孩子说话的机会

在弄清楚事情原委之前，父母先别急着给问题定性，以及给孩子下"定义"，父母应该听孩子解释，站在孩子的角度去了解事情的经过。假如孩子真的做错了，在解释的过程中，他也会意识到自己的错误，而不会因为没有解释的机会而产生逆反情绪。

在这一阶段，父母可以询问孩子：

- ☑ "怎么了？"
- ☑ "发生什么事情了？"

3. 肯定孩子的情绪，给孩子一个温暖的拥抱

父母了解事情的原委后，先不要着急教育孩子，要先学会处理孩子的情绪。孩子在犯错时，通常会陷入主观情绪的冲击中，会产生恐惧和不安全感，若此时父母给孩子讲大道理，会让孩子无法冷静、理性地思考，任凭父母说什么都听不进去。因此，父母在这一阶段可以给孩子一个拥抱，安抚孩子的情绪，给孩子的情绪找一个出口。

在这一阶段，父母可以询问孩子：

- ☑ "你怎么样？"
- ☑ "没有被吓到吧？"

4. 平等地与孩子沟通，明确孩子内心的想法

当孩子的情绪逐渐稳定后，父母可以站在平等的地位与孩子进行进一步沟通，了解孩子做这件事情背后的动机。在很多时候，孩子做某件事情的动机是很单纯的，但常常因为能力不够而造成了坏的结果，所以父母需要透过现象看本质。

同时，父母也要进一步引导孩子提高解决问题的能力。

例如，询问孩子：

- ☑ "你觉得你现在应该怎么做？你这样做会产生什么后果？"
- ☑ "你需要我帮你做什么？"

父母这样引导能让孩子学会独立思考解决问题的办法，也能帮助孩子理清思路，认清每种做法背后需要承担的后果。在父母的引导下，孩子自然而然会选择最正确的方式去处理问题，例如向对方道歉等，同时这也教会孩子适时向父母求助。

5. 让孩子学会反思

当事情处理完之后，父母需要帮助孩子对自己的这一过程进行"复盘"，让孩子学会重新审视自己，反思自己的做法是否有效，思考下次遇到同样的问题时应该怎么处理。

在这一阶段，父母可以这样询问孩子：

☑ "下次遇到同样的问题，我们应该怎么做？"

二、放下面子，向孩子道歉

"人非圣贤，孰能无过？"不仅孩子容易犯错，在教育孩子的过程中，父母也容易犯错。当孩子犯错时，父母总是头头是道、振振有词地教育、批评孩子，要求孩子知错就改；而当自己在孩子面前犯错时，却总是碍于面子而敷衍过去。就像我经常说的"我们总是在等着孩子感恩，孩子却在等着父母道歉"。

父母碍于权威和面子而不向孩子道歉的这种行为其实是不对的。这样会伤害孩子，甚至会让孩子丧失承认错误的勇气。

为了避免给孩子造成伤害和错误引导，父母应该如何做呢？

当父母确实做错事时，应该放下面子，向孩子道歉，并做到以下三点。

1. 父母应及时向孩子道歉

父母若对孩子犯了错，需要及时认识到自己的问题所在，并及时向孩子道歉，避免伤害继续扩大。

2. 父母向孩子道歉，需说明原因

父母向孩子道歉时，需要表明自己的问题出在哪里，具体是什么原因，而不是一句笼统的"我错了"，也不能因为不好意思而找各种各样的理由糊弄过去。

3. 父母要真诚地向孩子道歉

父母向孩子道歉时，态度一定要真诚。只有这样，孩子才能感受到父母的真挚情感，道歉才能达到效果。

父母可以这样说：

☑ "刚才对你发火，让你感觉到难堪，是我错了。因为你回来得太晚，我非常担心你的安全，所以一时没有控制好自己的情绪。希望你能原谅我，我以后也会学着控制自己的情绪。"

三、将打压转变为鼓励

现实生活中，很多父母常常打着"爱的名义"，打压孩子。例如，父母常常会对孩子说：

☒ "你怎么这么笨？"

☒ "我怎么生了你这么个笨蛋？"

☒ "你看看你有什么用，这么点小事都办不好。"

父母以这种看似玩笑的口吻打压孩子，实则给孩子的心灵造成了伤害，会让孩子开始自我否定，并变得自卑。

所以，即使父母那些带着宠溺地打压，也应该停止，转而多鼓励孩子，培养孩子自信的性格。

父母鼓励孩子也是有窍门的，切忌一味笼统地向孩子表达"你很棒""你真厉害"。有效鼓励孩子的方法主要包括以下两点。

1. 站在孩子的角度，发现孩子的闪光点

作为父母，我们需要站在孩子的角度，发现孩子的闪光点。在孩子的世界里，可能会因为一件小事而感到骄傲和自豪，所以父母需要俯下身，发现孩子心中的小美好，尽管这些在成年人的世界里不值一提，但这个小小的肯定能促使孩子不断进步。

2. 抓住时机，适时表扬

父母需要抓住时机，及时鼓励孩子。要让孩子知道是自己的什么行为得到了父母的认可。倘若父母没有抓住表扬的时机，或在事后笼统地表扬或鼓励孩子，就会让孩子形成错误的认知，认为是最终的结果使父母高兴和满意，进而导致孩子日后更加重视结果而并非过程。这样，孩子便会丧失很多宝贵的品质，例如，可能会为了得到更好的结果而失去诚实、坚持等，最终形成不健全的人格。

另外，当孩子变得沮丧或取得不令人满意的成绩时，也应该适时鼓励孩子。让孩子更加坦然地面对生活中的失败，更加自信、乐观地面对以后的人生。

例如，当孩子在攀岩比赛中没有取得好的名次时，父母可以这样鼓励孩子：

☑ "在比赛的过程中，妈妈/爸爸看到了你的努力，你的坚韧和不放弃，这是一笔宝贵的财富，会比最终的名次更重要，因为它会使你一生受用。"

四、正确面对孩子的第二个"断乳期"——青春期

为了培养孩子健康健全的人格，除了通过以上方式向孩子表达第一真实情绪，父母还需正确面对孩子成长过程中的关键时期——青春期。

孩子的"青春期"，似乎是大多数父母的"噩梦"。大多数处于青春期的孩子脾气

暴躁，往往"一点就着"，处处与父母"对着干"。哪怕是父母一句关心的话语，也能点燃孩子的"战火"。面对孩子突如其来的变化，很多父母常常不知所措。

那么，父母应该如何面对孩子的青春期呢？主要需要做到以下几点。

1. 正确认识孩子的青春期

首先，父母应正确地认识孩子的青春期。青春期被称为孩子的第二个"断乳期"，这个阶段是人一生中最混乱、最冲动、最不讲道理的阶段，也是父母最难应付的阶段。这个时期是少年的末期，青春的初期，孤独与苦闷、焦躁与不安并存，人小胆子大，处在这个时期的孩子，心情烦躁，很容易与父母产生对立情绪。

孩子在青春期之所以容易走向父母的对立面，主要有以下三个原因。

（1）孩子的心理发育与生理发育不平衡

青春期孩子的生理发育是一个快速且高频的过程，体内的激素猛增，他的第二性征⊖开始出现。这个发育速度快到连孩子自己都措手不及，所以会让孩子到达一个失衡的阶段。孩子的身高、体形快速成长，甚至一下子超过了父母。因而，过去在他眼中非常高大的父母，现在变得没有那么高大了。"可以俯视""可以瞧不起""可以挑战"的意识在孩子心里萌生，但他的心理仍然比较幼稚，心理上的成长没有跟上生理的发育，进而产生矛盾、纠结的情绪。

（2）孩子渴望得到认可与能力不足之间的矛盾

在这个阶段，孩子渴望以成年人的状态生活。希望获得成年人的权利，讲究公平，渴望得到公正的对待，希望获得认可。但他们往往因为能力不足，在这个阶段常常得不到父母的认可，因此形成矛盾。

（3）孩子的依赖感和成人感产生冲突

一方面，孩子在青春期产生了非常强烈的成人感，他认为自己已经长大，可以说了算。但另一方面，他在经济上又不得不跟父母妥协。所以他既想说了算，又没有真正独立。这种依赖感和成人感的矛盾形成内在冲突，让孩子容易形成内疚感和羞愧感。

以上三种原因共同作用，容易让孩子在青春期成为叛逆的人，因而产生易怒、心口不一、处处与父母对着干等情绪化的行为。

父母在明确孩子青春期的这些生理和心理上的特点后，会更加理解孩子，便不会

⊖ 亦称"副性征"，指男女两性除生殖器官以外的外貌特征区别，体现出男女在身高、体态、相貌等方面的差异，第二性征在进入青春期后才出现。

再认为孩子在青春期的行为属于"无理取闹"。

那么,父母有了对孩子青春期的正确认识之后,应该如何做呢?

2. 父母需要将思维拐个弯

父母要从心理上接受孩子在这个阶段的冲动表现,允许孩子去探索、尝试和犯错。

孩子的智慧往往在探索、尝试、犯错中获得,所以,当孩子处于这一阶段时,父母仍然需要认可孩子的动机,接纳孩子的情绪,肯定孩子的过往。

3. 在物质生命里"早退",在精神生命中常"陪伴"

对于青春期的孩子来说,"伙伴关系会大于亲子关系",他们会乐于跟自己的同伴分享,而开始不愿意跟父母交流,因为从同伴那里可以获得更多精神上的慰藉。因此,父母在这个阶段也需要发生转变,不要总是询问孩子,"你吃什么?你喝什么?你睡了没?你买衣服不?"父母要开始在孩子的物质生命里得体地退出,进而转向关注孩子的精神生命,在精神生命里常陪伴孩子。父母要信任孩子,学会放手,并告诉孩子:"我们永远都在你身后默默支持你,无论何时,只要你回头,我们都在。"

4. 父母需要为孩子建立边界感

父母为孩子建立边界感,是指父母通过规则、制度来告诉孩子什么可以做,什么不可以做,大到国家法律,小到家规。

日常教导中,要明确告诉孩子哪些行为不可为,让孩子从小树立遵纪守法讲公德的意识。

家规,可以由每个家庭根据自身的情况自行设定。

例如,规定孩子每天晚上在10点钟之前必须回家。父母可以设立一些原则上必须遵守的规定。

在这个过程中,孩子可能会感觉不舒服,产生不良情绪,父母首先应该理解这种不良情绪,并对孩子加以引导,因为孩子不舒服的过程就是他学习的过程,以后踏入社会,同样需要遵守一些规则、制度。

父母需要温柔地告诉他:

"我知道你会感觉不舒服,也很理解你,因为我在制订这样的规则时也很难过。但规则其实是为了更好地保护我们,制订这些规则是想让你知道什么可为、什么不可为。当你踏入社会,你就会知道在法律面前、在规则面前,需要遵守哪些底线,这样你才能成长为一个既有创造力又懂规则的孩子。"

> 思考：你认为该如何向孩子表达第一真实情绪？

父母情绪管理三部曲

有人说，情绪像浪花，当有石头或风的时候，它就来了。生活中有点"小风小浪"很正常，但若出现"狂风大浪"，就格外危险——它不仅会让父母成为情绪的奴隶，受困于此，还会伤害到孩子。所以，情绪管理对于父母来说显得尤为关键。

那么，父母应该如何进行情绪管理呢？我根据多年的实战经验总结了"情绪管理三部曲"，即 What（觉察并接纳自己的情绪）、Why（情绪的产生）、How（处理自己的情绪），父母可以通过以下方法尝试管理自己的情绪。

一、What：我现在有什么情绪

"我怎么还生气了，我不该有这样的情绪。"

从小到大，我们受到的教育会让我们认为有些情绪是不合适的、不应该有的，更不允许表达。

在耳濡目染下，我们习惯性地开始自动忽视甚至压抑自己的负面情绪。

事实上，若这些负面情绪得不到正确释放，会让我们憋成"内伤"，随着时间积累，终究会无意识地爆发。爆发后，事态会更加严重，会带给自己或身边的人更大的伤害。

情绪是人的重要组成部分，我们时时刻刻都在跟情绪"打交道"。从本质上来说，所有情绪并没有好坏之分，真正能够决定最终结果好与坏的是我们自己如何正确认识情绪、管理情绪。

所以，情绪管理的第一步，首先要摒弃对不良情绪的错误认知，察觉并接纳自己的任何情绪。

例如：

"我刚刚好像有点不耐烦。"

"我是愤怒了吗？"

"我因此感到难过了吗?"

"这是不是焦虑的体现?"

"我刚刚的反应是不是因为恐惧?"

在产生任何负面情绪时,我们都不要羞愧,不要站在道德的制高点去评判自己应不应该出现这种情绪。无论出现哪种情绪,我们都需要对自己说"是的",做到不回避、不否定、不压抑。当我们开始接纳的时候,就有勇气和力量去面对现在的情绪。

其次,我们可以借助一些身体信号去察觉自己的不良情绪。

例如,当我们感到恐惧时,身体也会产生一连串反应:

心脏快速跳动

手心冒冷汗

全身颤抖

……

这些都是我们可以觉察自己情绪的细微信号。当我们抓到这些信号之后,需要对这种情绪的影响力打分。

例如,问问自己:"假如满分是10分,我会给自己现在的恐惧打几分呢?"根据自我评定的情绪影响力分值,我们可以更加形象地感知自己"恐惧"的程度。

二、Why:我为什么会有这种情绪

察觉和接纳情绪之后,我们需要分析产生这种情绪的深层次原因,也就是情绪管理的第二步,问自己为什么会有这种情绪和感觉。

从本质上来讲,情绪是欲望、动机和需要能否被满足的一种表现。

当某种需要被满足时,我们会变得开心,例如,在职场中获得老板的赞赏,这是被他人认可的需要被满足;在家庭中得到家人的关爱等,这是我们被爱的需要得到满足。而当我们的欲望、动机、需要得不到满足时,愤怒、失望、生气、郁闷等负面情绪就会随之而来。

所以,要弄清楚产生这种情绪的原因,需要我们自我发问,并真实地回答自己。

例如,我们可以这样发问:

"是因为我的价值观受到了冲击,所以我很愤怒?"

"是因为我的本意被孩子曲解,所以我感到极其委屈?"

"是因为孩子的表现没有达到我的要求,让我感到生气?"

……

我们要不加任何掩饰,真实地回答自己。到最后,我们可能会发现,现在的负面情绪,是由好久之前未得到重视或未解决的问题积攒而成的。

三、How:如何有效处理情绪

查到负面情绪产生的根源之后,情绪管理的最后一步,便是如何有效处理情绪。

有效处理情绪的方法主要包括三种:第一,适当表达;第二,合理宣泄;第三,自我成长。

1. 适当表达

适当表达的方式又可以分为两种,我们可以根据不同的场景选择不同的表达方式。

(1)沟通中的适当表达

在沟通中,当别人"冒犯"到我们时,我们察觉到自己产生负面情绪,或当我们察觉到我们带着负面情绪在沟通,而沟通不畅、效果不理想时,我们可以适当表达自己的不适感,及时作出调整。

例如,当我们教育孩子,而孩子说出令我们生气的话时:

"妈妈/爸爸,我讨厌你。"

"你就是没有爸爸好,我就是不喜欢你。"

……

我们可以直接告诉孩子:"你刚刚这样说话,让妈妈/爸爸感到很难过,我们都冷静一下再继续沟通好吗?"

夫妻、朋友、同事间相处时,我们同样可以适当表达自己的感受。通常,当我们表达清楚之后,一般都能得到对方的理解。

例如,"我现在很生气,你让我先冷静一会儿吧。"

(2)向自己信赖的人进行倾诉

当我们产生不良情绪时,可以选择与自己最信赖的人进行倾诉,如跟最好的闺蜜、朋友、家人等。与他人倾诉时,负面情绪便找到了一个出口,有时候当我们倾诉完,会发现自己已经得到了疗愈。

2. 合理宣泄

合理宣泄的前提是不影响他人、不伤害自己。例如，我们可以找一个最令自己安心的地方哭一场；去爬山，在山顶把心中的不快大声喊出来；去健身房锻炼，让自己大汗淋漓一场；又或者找个自己喜欢的地方去旅游放松等。

3. 自我成长

自我成长是指精神层面的看到、接纳、转变。

情绪的本质是欲望、动机是否被满足的一种表现。有时候，我们需要放下自己心中的"执念"，学会站在对方的立场去理解、接纳别人。

例如，当我们对孩子的要求过高，而孩子的能力达不到期待时，我们需要放下"执念"，学会发现孩子的优点，接纳孩子，即使他可能真的并不完美。有时候，放过别人就是放过自己，这也是情绪管理的最高层次，会让我们变得豁然开朗。

每次情绪的产生都是为了让我们作出最有利于自身发展行为的一种信号，关键在于我们能否正确认识、察觉、接纳、处理自己的情绪，只要能做好这些，我们便能成为自己情绪的主人。

> **练一练**：尝试运用情绪管理"三部曲"调节自己的情绪，并记录你的感受。

如何面对孩子的负面情绪

美国著名人际关系大师卡耐基，小时候在父亲眼里是一个调皮的孩子。在卡耐基9岁那年，父亲再婚，并向妻子介绍卡耐基时说道："亲爱的，希望你注意这个本地最坏的男孩，他可让我头疼死了，他说不定明早就会拿石头扔你，或者做出其他坏事，总之让你防不胜防。"

继母听后，微笑着走到卡耐基跟前，摸了摸他的头，然后对卡耐基父亲说道："你错了，他不是这里最坏的男孩，而是最聪明但还没找到发泄热情的地方的男孩。"

继母的这句话，从此改变了卡耐基，甚至对他一生都产生了积极的影响。所以，面对孩子的负面情绪时，父母应该正向引导。

正向引导具体分为四个步骤：给孩子的情绪"取名"、认同孩子的感受、专心听孩子倾诉、引导孩子深度接纳。其中，给孩子的情绪"取名"、认同孩子的感受，着重"处理"孩子的情绪；专心听孩子倾诉、引导孩子深度接纳，是在孩子情绪稳定的基础上，帮助孩子解决情绪背后的问题。

一、给孩子的情绪"取名"

在现实生活中，大多数孩子通常都不会正确描述自己的负面情绪。

当孩子产生负面情绪时，父母询问他怎么了，他通常会答不上来，当父母询问他"是不是觉没睡好 / 是想出去玩吗 / 还是想买什么东西……"时，他也直摇头，却会缠着父母一直闹，一直在那里哼哼，感觉父母怎么都无法满足他，最后父母被磨得没有耐心，开始向孩子发火，而孩子的情绪也开始崩溃。

对于年龄大一点的孩子，当他们产生负面情绪时，父母询问他们，他们通常会告诉父母"没什么""我很好"，或者笼统地告诉父母"我不开心"，而这些都不是对情绪的正确描述。

也就是说，孩子缺乏对自己情绪最基本的认识，他需要花更长的时间来觉察自己的情绪，探索情绪背后的根源。孩子之所以不愿意去解决一些问题，是因为他的情绪闸门无法打开，他憋在心里不知道该怎么表达。当父母准确给孩子情绪取名时，就找到了与孩子沟通的切入口。

所以，当孩子产生负面情绪时，父母需要引导孩子给情绪取名，尽量用恰当的名词准确描述孩子的情绪。

父母可以给孩子一些选项，让孩子选择。

例如："宝贝怎么了？""生气吗？""愤怒吗？""内疚吗？""自责吗？""难过吗？""紧张吗？""恐惧吗？"……

二、认同孩子的感受

帮助孩子认清自己的情绪后，父母需要引导孩子接纳自己的情绪，并允许孩子释放自己的不良情绪。

在现实生活中，大多数父母在面对孩子产生的不良情绪时，往往会失去耐心，不但不认同孩子的感受，甚至不允许孩子释放自己的情绪。

于是，常常会出现以下场景。

"你有什么好难过的，啊？"

"哭什么哭，把眼泪给我收回去，男子汉还哭天抹泪的，丢不丢人。"

"你再哭，我就不要你了。"

父母这种批判、压抑孩子情绪的做法显然不恰当，它会让孩子的情绪找不到出口，或者会让孩子因为情绪得不到认可，而在哭泣过后产生无理取闹的愧疚感和不安感，这样都会影响孩子的心理健康和生理健康。

所以，父母在明确孩子的负面情绪后，应该认同孩子的感受，并允许孩子释放这些负面情绪，与孩子建立情感上的联结，告诉孩子，任何情绪都是正常的。

例如，当孩子难过哭泣时，我们可以对他说："想哭就哭吧"，或把手放在他的后背上给他力量，或者抱抱他。

当孩子情绪得到释放，逐渐冷静下来后，父母可以询问孩子："现在感觉好些了吗？"

其实，经过这一阶段，很多简单的问题就已经解决了。

三、专心听孩子倾诉

孩子的情绪归于平静后，父母需要引导孩子发掘负面情绪产生的根本原因，那么，倾听孩子的心声便是关键。

父母要想让倾听达到效果，需要做到以下四点。

1. 建立良好的倾诉环境

当孩子明显有表达欲望时，父母应该停下手中的事情，转向他，告诉他自己已经做好了准备，并用恰当的情绪回应孩子，希望他能向自己倾诉。

2. 不轻易打断孩子，在倾听中提取有效信息

在倾听的过程中，父母不要轻易打断孩子，保证孩子顺利表达自己的情绪、看法，并从中提炼有效的信息。

3. 适时地回应

父母在倾听中应适时地回应孩子，表示自己在用心听孩子表达，引发孩子继续表达的意愿；也可以适时地总结、复述孩子所表达的关键内容，与孩子确认。

4. 辅以适当的身体语言

情到深处，父母可辅以适当的身体语言。当我们在全身心倾听孩子诉说时，会更能理解孩子的情绪和处境，自己的情绪也会跟随对方波动。一个肯定的眼神，一个温

暖的拥抱，更能表达我们的感同身受。

父母通过倾听孩子，可以大致判断孩子产生负面情绪的真实原因。

四、引导孩子深度接纳

引导孩子深度接纳，是指父母站在孩子的角度引导孩子解决情绪背后的问题。

父母通过倾听孩子的心声，发现了问题所在，便可以针对这些问题"对症下药"，引导孩子解决问题。

譬如，通过专心倾听孩子，父母可能发现孩子太过于注重外界的评价，所以当孩子得不到老师、同学的认可时，就会不高兴；或者受到父母批评时，他会产生愤怒的情绪。那么父母可以对此进行有针对性的教育，多开导孩子，并给孩子树立正确的价值观，让孩子正确对待他人的评价。

又或者，当我们发现孩子是因为周末作业多而烦恼时，可以站在孩子的角度给他们提供一种新的思路，也许孩子会豁然开朗。

以下故事中这位母亲面对孩子负面情绪时的处理方法，值得父母借鉴。

"快烦死了"，某个周五，女儿板着一张脸，嘟哝着摔门进了屋。

女儿的这一行为，让母亲察觉到她的情绪有问题，但母亲没有说教，没有批评，而是放下手中的活，走进了女儿的房间。

一进门，母亲便询问女儿："怎么啦？生气啦？"（引导孩子觉察负面情绪）并向此刻正愁眉苦脸的孩子张开了怀抱（认同孩子的情绪）。女儿的表情一下子柔软起来，她投入母亲的怀抱，并撒娇式地对母亲说，"妈妈，我快烦死了，本来就放2天假，结果各科老师都布置了一堆作业，根本都不给我们时间休息。"（专心听孩子倾诉）

母亲了解到，女儿这么愤怒、不开心，原来是因为觉得作业多压力大，担心自己没有时间休息。

当母亲得知孩子烦恼的原因后，开始引导孩子解决问题，于是她对孩子说：

"别着急，宝贝，我刚刚看了你的作业。你看，周末2天，有48小时，除去你睡觉的20小时，还剩下28小时，你的2张数学试卷需要4小时，2篇作文需要4小时，英语作业需要3小时，物理、化学作业需要3小时完成，这样计算，你也只需要14小时就可以完成作业，其实你还剩下14个小时做自己想做的事，对吗？如果你完成的效率再高点，那么你就会有更多的时间来自由安排，不是吗？况且，咱们还没有计算今天的时间呢。"（引导孩子深度接纳）

| 第4章　学会表达第一真实情绪，而不是第二愤怒情绪

听完母亲的分析，女孩的心情瞬间明朗起来：

"是的，妈妈，听你这么一说，其实好像也没什么可怕的。"说完这句话，女孩开心地从书包中拿出作业本开始写作业。

上述故事中，母亲在面对孩子的负面情绪时做了四个"动作"：引导孩子觉察负面情绪，认同孩子的情绪，专心听孩子倾诉，引导孩子深度接纳，最终将孩子的不良情绪转换成积极情绪，并给孩子提供了动力。

所以，面对孩子的负面情绪时，父母只要做好这四步，那么，孩子便会朝着更好的方向发展。

思考：面对孩子的负面情绪时，你是如何处理的？以上情绪处理方法对你有哪些启发？

作者：孙艺嘉　13岁

第5章

育儿的本质,就是经营一段好的亲子关系

有人说,"育儿的本质是和孩子维护一段好的亲子关系"。亲子关系对于孩子性格的养成和学习都具有重大影响,关系到孩子的一生。幸运的人一生都被童年治愈,不幸的人一生都在治愈童年。父母要构建良好的亲子关系,让孩子拥有幸福的童年。

重装你的亲子信念系统

在我的线下课堂上,我经常听到父母抱怨孩子性格不好、不懂事、叛逆、不理解父母等,每当这时,我都会问对方:"你与孩子的关系怎样?"对方的回答往往是"不怎么好"或者"不好"。每当此时,我就知道这些父母的问题出在了"亲子关系的构建"上。

美国心理学家艾莉森·高普尼克说:"你是个什么人,你跟孩子关系怎么样,比你对孩子怎么做要重要得多。"

育儿的本质,实则是经营一段好的亲子关系。只有父母与孩子之间的关系亲密、和谐、友好,孩子才会认同父母、信任父母,进而会认可父母的教育,这样教育才能发挥有效性。因此,关系大于教育,和谐的亲子关系是教育的前提。

对于如何构建和谐的亲子关系,不同的父母有不同的方法,但不管什么样的方法,前提是父母要正确认识亲子关系。

一、改善亲子关系,要先改变自己

"真不知道该拿孩子如何是好,打不得、骂不得,甚至说不得。"

"他们总是不能理解我们做父母的良苦用心,辛苦培养他们,最终处得却跟仇人一样。"

很多父母都会有这样的疑惑,他们不明白为何自己对孩子尽心尽力,孩子却始终"不领情",反而越来越"叛逆",与自己的关系越来越差。这令许多父母感到无比焦虑、痛心却又无可奈何。

事实上,要想改善与孩子之间的关系,父母首先应该改变自己。父母是亲子关系的主导者,父母的日常行为会对亲子关系的构建产生巨大影响。也就是说,不良的亲子关系,大多始于父母不当的教育理念和方式。

父母不当的教育理念和方式,主要概括为以下三点,它们都是毁坏亲子关系的"罪魁祸首",父母需要避免或及时更正。

1. 成绩大于一切

在现实生活中,很多父母过于重视孩子的学习成绩,他们认为学习好便意味着一切都好,于是给孩子设定严格的标准,并以结果为导向。当孩子达到要求时便表现得开心,没有达到要求时便不高兴。这样父母会忽视孩子内心的感受,让孩子认为父母在意的只有成绩，父母其实并不爱他们。

孩子带着这种误解，便会产生逆反情绪，并与父母对抗，希望以此得到父母的关注。若父母不能理解孩子对抗行为背后的真实原因，那么这种不良的关系会陷入恶性循环中，亲子关系也会长期处于旋涡之中。

2. 习惯以己度人

在现实生活中，大多数父母习惯用自己已有的知识体系去评价孩子，用自己的人生经验替孩子作出选择。他们常常把自己的意识强加给孩子，不懂得倾听孩子的想法，不尊重孩子的意见。这些行为会让孩子感受到自己不被父母尊重，进而极易产生叛逆情绪。一旦萌发这种意识，孩子就像"蹦蹦球"一样，父母的要求越高，给孩子的压力越大，孩子反弹得就越厉害，与父母的关系也会越来越差。

3. 缺乏情绪管理能力

父母在教育孩子时，常常因为无法控制自己的情绪而对孩子发火，对孩子进行冷暴力或语言暴力。比如，一气之下说"你再这样妈妈就不要你了"；抑或是当孩子不听话时，将孩子关在门外，任凭孩子如何哭喊都不予理会。孩子长期生活在这种环境下，可能会造成安全感缺失，会认为父母不爱自己，甚至会抛弃自己，进而会失去对父母的安全依赖，最终放弃在父母身上寻找依靠和支持，与父母的关系越来越疏远。

所以，要想改善亲子关系，父母首先需要认识到自己不当的教育理念和方式。在此基础上，父母需要管理好自己的情绪，正确对待孩子成长中的不足和错误，多倾听孩子的想法和意见，尽量让孩子自己作选择。同时，不以成绩作为评价孩子的唯一标准，试着多维度地肯定孩子的成长。

教育不可等待，教育不可重来，教育不可胡来。教育就像一张单程车票，若父母不能时刻自省，便有可能耽误孩子的一生。父母只有时刻自省，不断改善自己的教育方式，才能与孩子携手共进，共同创造幸福的一生。

二、母亲的含义是影响

童话大王郑渊洁说："母亲的含义是影响。"

母亲对于孩子的意义，不仅在于她给了孩子生命，开启了孩子生命征程的新篇章，更在于她教孩子做事做人，帮孩子健全人格。

母亲对于孩子性格的影响多半在潜移默化中完成。在现实生活中，母亲与孩子之间和谐的关系对孩子性格的正面影响不言而喻，但大多数母亲往往会忽视在以下两种

状态下自己对孩子的性格造成的不良影响。

1. 母亲的自我牺牲感很强

母亲的自我牺牲感很强，是形成不良亲子关系的重要因素之一。

相信大多数母亲都会对孩子讲类似的话语：

"要不是为了你，我早就……"

"妈妈做的这一切都是为了你呀！"

"妈妈为你做了这么多，你一定要为妈妈争口气……"

上述三句话，无一不向孩子透露着沉重的"牺牲感"。

电视剧《小欢喜》中，乔英子的妈妈宋倩是带有强烈牺牲感的妈妈，为了孩子辞去高薪工作，专心照料、培养孩子。在生活中，妈妈宋倩时刻用牺牲感向孩子灌输压力，看似对孩子事无巨细，照顾得无比周到，实际上并没有赢得孩子的心。宋倩的这种行为不仅没有让孩子对自己心怀感激，甚至让孩子对自己产生了强烈的反抗情绪，一度想逃离自己。

养育孩子的确需要付出，但母亲若一直给孩子灌输强烈的牺牲感，会压得孩子喘不过气来。被牺牲感绑架的孩子会带着愧疚感生活，这样会让孩子开始害怕面对母亲，因为一看到母亲就看到了"不堪的自己"。长期处在这种不良亲子关系中，孩子的性格会变得敏感、压抑，最终逐渐迷失自我。

2. 母亲强势

母亲强势，是形成不良亲子关系的另一重要因素。

大多数强势的母亲，都有一个共性，她们有着较强的控制欲，在家里经常说一不二：

"作业写不完，今天就不许看电视。"

"我给你报了钢琴班和英语班。"

"碗里的青菜必须吃完。"

"我说不行就不行。"

上述话语几乎都是命令的口吻。

生活中，强势的母亲常常以自我为中心，喜欢主导、安排孩子的生活，经常帮孩子作出选择。

电视剧《以家人之名》中，齐明月的母亲便是强势母亲的典型代表。她一直安排女儿的生活，从穿衣、吃饭，到考哪所学校、报什么专业、在哪里工作，从来不会征求女儿的意见。在这种环境下长大，齐明月成了一个特别没有主见的孩子。成年后的齐明月会在餐厅中因为点什么菜而犹豫不决，甚至为此产生巨大的心理压力。

在母亲的强势主导下，齐明月什么都听从母亲的安排，但这掩盖不了这段"畸形"的亲子关系。齐明月生活得一点都不开心，她害怕母亲，不敢在母亲面前表达自己的真实想法和情绪，只有无尽的委屈。对母亲不满的情绪随着时间的积累变得愈加强烈，最终齐明月"爆发"了，她指责母亲从来不理解自己，亲子关系岌岌可危。从孩子不敢在母亲面前表达自己的真实想法和真实情绪开始，亲子关系就已经开始走向破裂。

母亲强势的做法会让孩子在生活中丧失独立选择的机会。母亲经常忽视孩子的感受，否定孩子，让孩子不敢表达自己内心的真实想法。长此以往，孩子容易压抑个性，丧失主见，最终变得懦弱、自卑。

生活中，不少母亲处于自我牺牲感强和强势的状态中，但没有认识到这是导致不良亲子关系的重要原因。因为在这种状态下，亲子关系表面上看起来十分和谐，孩子懂事乖巧，对母亲百依百顺。殊不知，这种亲子关系却极不健康，一旦孩子"爆发"，会让母亲措手不及，完全无法接受孩子心理和性格上的巨大转变。

健康的亲子关系不是牺牲，不是强势，而是不断自省，母亲应给予孩子更多的选择和空间，与孩子共同成长。

三、父亲的"位置"决定了孩子的样子

父亲在孩子成长中缺位，同样是形成不良亲子关系的重要因素，它也会对孩子的性格养成造成不利影响。

我常常听到一些人谈论：

"男人的任务本来就是赚钱，哪里有时间陪孩子。"

"我儿媳妇也总是觉得我儿子没有陪过孩子，孩子都是她一个人照顾的。这不是应该的吗？我儿子上班都那么累了，哪有什么时间陪孩子呀！再说他在外面挣钱让她们母女俩衣食无忧，她却一点都不懂得知足。"

"男人在外赚钱养家，女人在家做饭带娃。"这似乎是大多数家庭的常态。在这种常态下，很多人认为孩子的教育是母亲单方面的事情。因此，很多父亲把挣钱让孩子和爱人过上更优渥的物质生活看作自己唯一的责任，忽视了家庭建设，忽视了孩子的心理需求，忽视了对孩子的教育和陪伴，使得孩子与父亲关系疏远，最终造成孩子的

情感缺失。

著名心理学家格尔迪说:"父亲的出现是一种独特的存在,对培养孩子有一种特别的力量。"父亲在孩子的成长中扮演着重要角色,起着不可替代的作用。

1. 父亲的陪伴教育能够帮助孩子建立正确的性别认知

根据世界卫生组织最新研究成果表明:平均每天能与父亲共处两小时以上的孩子,要比其他孩子的智商高,男孩更像男子汉,女孩长大后更懂得如何与异性正确交往。

2. 父亲能帮孩子培养勇敢、坚强的意志品质

父亲通常是勇敢、力量的象征。很多时候母亲会嘱咐孩子"小心",而父亲却常常会鼓励孩子"试一试,勇敢一点"。所以,父亲可以带着孩子去探索世界,爬山、游泳、露营、跑步、攀岩、骑山地自行车等,在这些运动中培养、锻炼孩子的意志力,让孩子变得更加坚强、勇敢。

3. 父亲往往更加擅长树立规矩意识,让孩子树立边界感

父亲与母亲在教育孩子时互相配合,母亲更加偏重感性,父亲则更加理性,通常在孩子的潜意识中,父亲更是规则的代表。孩子在成长中会有很多第一次尝试,有时他们可能在边界上试探,这时父亲明确指出哪些不可以轻易尝试,并给予适当的惩罚,这样会让孩子树立起边界感和规则感。

孩子的成长需要父亲的参与,父亲应该为自己创造更多的机会参与到孩子的成长中来,注重与孩子的沟通,提高陪伴的质量,帮助孩子培养勇敢、坚强的人格。

> **思考:** 检视亲子关系,你认为你的亲子信念系统是否存在误区?

父母间的不"忠诚",会"摧毁"亲子关系

除正确认识亲子关系以外,要构建和谐的亲子关系,父母要相互"忠诚","忠诚"就像地基,对亲子关系的稳固起着重要的作用。

但在生活中,大多数父母往往丧失了夫妻间的"忠诚",使得整个亲子关系"摇摇欲坠"。父母间的不"忠诚"并非传统意义上的背叛,这里的不"忠诚"包含三个方面:第一,认为亲子关系比夫妻关系重要;第二,父母在教育孩子时没有形成"统

第5章 育儿的本质，就是经营一段好的亲子关系

一战线"，更不能互相配合；第三，父母常常将孩子牵扯到自己婚姻关系的是非中，没有扮演好父母这一角色。

一、亲子关系比夫妻关系重要

我常常听到生完孩子的女性朋友这样描述：

自从有了孩子之后，我所有的注意力都放在了孩子身上，每天关注孩子的睡眠、营养、健康状况等，在不知不觉中便忽视了与丈夫的互动和交流，除了孩子的事情，其他的几乎不怎么跟丈夫讨论。慢慢地，我感觉很多问题都暴露出来了，跟丈夫争吵不断。

这位女性朋友所描述的几乎是大多数家庭生活的状态——亲子关系比夫妻关系重要。这些父母不知道，这样的想法反而极不利于亲子关系的稳固。

首先，认为亲子关系比夫妻关系重要的父母会以孩子为中心，忽视夫妻间彼此的感受，随着时间的推移，夫妻间的矛盾会越积越深，最终可能会因为一点小事而爆发。父母经常吵架，会让孩子丧失安全感，进而变得敏感、自卑，不愿意与父母交流，阻碍了亲密关系的建立。

其次，孩子对父母间的关系是极其敏感的，当父母过于注重亲子关系，而忽视了夫妻关系时，会让孩子认为，母亲更爱自己而不是父亲，或父亲更爱自己而不是母亲。若父母给孩子造成这种错觉，会让孩子更加依赖其中一方，而排斥另一方。

最后，长期处于亲子关系比夫妻关系重要环境中的孩子会以自我为中心，把父母对自己的好都看作理所当然，久而久之，孩子就容易养成自私和不懂得感恩的性格。在这种性格作用下，孩子会不理解父母，不懂得感恩父母，甚至在家中为所欲为，这同样会威胁亲子关系。

孩子是父母爱的结晶，父母的爱也应该有先后顺序，互敬互爱的夫妻关系才是稳固家庭关系的"磐石"，才能给孩子营造一个良好的成长环境。

二、没有形成"统一战线"

在生活中，常常出现这样的场景：

"咱们先去写完作业再看电视，好吗？"母亲对孩子说道。

"你让他先休息会嘛，要懂得劳逸结合。"父亲笑盈盈地看着孩子，并对母亲说

道。

在很多家庭中，类似的情景比比皆是。常常是母亲在教导孩子时，父亲表示不赞同或充当"和事佬"，直接当着孩子的面反驳母亲或告诉孩子别听母亲的话。

上述做法不利于孩子树立正确的是非观念。孩子在成长时期并不具备完全的是非判断能力，面对父母的意见分歧，孩子会"见风使舵"，选择偏向于自己的"声音"。久而久之，孩子会在无形之中将父亲和母亲作比较，他会认为偏向于自己的一方更爱自己，因而也会更加喜爱那一方；同时孩子会减少对经常要求、批评、教育自己的另一方的喜爱，甚至会产生厌恶感。

所以，在孩子的教育中，父母需要建立"统一战线"，互相配合，当出现意见分歧时，应该及时私下沟通，寻找最适合的方式，共同面对。

三、将孩子牵扯进婚姻关系的是非中

很多父母因为婚姻关系发生了改变，而让孩子选择"站队"，向孩子诉说对方的不好。父母让孩子参与到自己婚姻关系的是非中，非常不利于孩子的心理健康。父母强迫孩子在父母之间艰难而痛苦地作出选择，会让孩子认为自己被父亲或母亲抛弃，从而加剧孩子对父亲或母亲的厌恶感。

作为父母，我们要明白，即使婚姻关系不存在，但亲子关系并不会因此而发生改变。所以，即使父母离婚了，也不要将孩子牵扯进来，更不要中伤孩子心中父亲或母亲的角色。也许对方不是一个"好"丈夫，但这不影响他成为一个好父亲；同样，即使对方不是一个"好"妻子，但也并不妨碍她成为一个好母亲。

所以，离婚后的父母仍然应该告诉孩子，"我们依然爱你"，并在以后的行为中履行相应的责任、义务，多陪伴孩子，尽量减少因婚姻关系的变化带给孩子亲子关系的变化，培养孩子健康的人格。

> **思考：**你的家庭生活中是否存在以上问题？具体该如何改进？

很多亲子关系，毁在"你不信我"

"信任"是影响亲子关系的重要因素之一。"信任"二字说起来容易，做起来却很难。生活中常常会出现以下的场景：

当孩子告知父母学校的通知、安排时，父母总是第一时间与学校或他人确认。

当孩子考试进步后，父母会质疑他是不是作弊了。

当孩子开始写日记时，父母就以为孩子早恋了。

当孩子拿起手机时，父母就认为他在玩游戏。

当孩子做作业时，父母会以给孩子送水果的名义去确认孩子是否在认真学习。

任凭孩子哭着辩驳，父母依然将信将疑。渐渐地，孩子不再解释，变得沉默，最终孩子对父母不再抱有期待，只有无尽的失望。

……

父母经常因为重视孩子的教育，害怕孩子失去控制而走向错误的方向，最终导致教育失败，所以父母需要不断向孩子确认，向他人确认，以求自己心安。但信任是相互的，孩子的信任更是有期限的，父母一旦错过，便可能永远错失。

所以，亲子间的信任既是最基础、最重要的，但也是父母最难把握的。

那么，父母应该如何与孩子建立信任感呢？

父母需要对充分信任孩子形成正确的认知，要在充分信任孩子的基础上，正确对待孩子的梦想，同时做到与孩子共同进退。

一、非常信任孩子是一种什么体验

美国心理学家乔伊斯·布拉泽斯说："爱的最好证明是信任，彼此信任才是给孩子最好的爱。"我国教育家陶行知也说："教育孩子的全部奥秘，在于"相信孩子和解放孩子。"

父母非常信任孩子，主要体现在以下四个方面。

1. 不会轻易怀疑孩子

充分信任孩子的父母不会轻易怀疑孩子，主要体现在两个方面。

（1）信任孩子的品格

一个小男孩的班主任告诉孩子父亲，孩子在学校偷了同学的东西，并称有同学目睹了孩子的偷窃行为。父亲听闻此事之后，在第一时间将孩子揽入怀里，因为他相信自己的孩子是善良的，绝不会做这种事情，而他也知道孩子此时一定委屈、害怕极了。于是，父亲告诉孩子："别怕，爸爸相信你，也请你相信爸爸会解决这件事情，不会让任何人冤枉你。"

孩子在爸爸的鼓励下仔细交代了事情的来龙去脉，事实证明孩子确实是被冤枉的，父亲要求所有冤枉孩子的老师、同学当面向孩子道歉，那一刻孩子感受到了来自信任的深厚力量。

（2）不会轻易怀疑孩子的能力

一个口吃的孩子从小被邻居嘲笑，让他感到极度自卑，身边的人也都十分同情孩子的父母。但父母并不以为然，他们坚定地告诉孩子："你口吃，其实是因为你的嘴巴无法跟上你聪明的脑袋。"这个孩子就是美国通用电气公司前首席执行官杰克·韦尔奇。

非常信任孩子的父母与上述故事中的父母一样，他们不会因外界的负面评价或孩子在哪些方面表现得不尽如人意等表面现象而对孩子作出不好的预判，他们相信孩子的品格，懂得倾听孩子，让孩子说出自己的心声，同时不断鼓励孩子。

2. 能包容孩子的错误，给予正面引导

一个14岁的孩子在书店偷了一本书，老板发现后，把他送进了派出所。父亲赶到派出所，并没有责骂孩子，而是跟老板道歉说："他不是个坏孩子，只是因为钱带得不够，我愿意出3倍的价钱把这本书买回去，并请求您的原谅。"孩子突然间觉得羞愧无比，也认识到了自己的错误，并真诚地向所有人道歉。在回家的路上，父亲满眼温柔且坚定地对孩子说："人这一辈子或多或少都会犯错误，别把它放在心上。但我们需要永远记住，以后不要再犯同样的错误。"

非常信任孩子的父母懂得用平和的心态去对待孩子的过错，懂得包容，并给予孩子正面引导，这样孩子才能在犯错中有所收获，获得成长。

3. 不窥探孩子的隐私

每个人都有隐藏秘密的权利，孩子也是，充分信任孩子的父母不会随意窥探孩子的隐私。

孩子在不断成长、变化，人格在逐渐形成，心理也在发生变化，因此会逐渐拥有自己的私人空间和情感隐私，他们会以写日记、信件或与同学聊天的方式来表达自己的情感。充分信任孩子的父母不仅不会用窥探孩子隐私的方式来掌握孩子的成长轨迹，反而会与孩子一起保护孩子的私人空间、私人物品，他们懂得保护孩子的自尊。

4. 懂得放手

非常信任孩子的父母懂得放手，他们知道孩子有自己的人生，需要自己往前走，而父母只需要保证在教育方向上不出现偏差，放下控制、焦虑，注重培养孩子的独立意识和能力，不大包大揽，懂得让孩子自己作选择，懂得让孩子学会承担。

《麦兜的故事》里有一段台词，大抵是父母非常信任孩子时的样子：

"全世界的人都不爱你，我都只爱你；"

"全世界的人都不信你，我都只信你；"

"爱到心肝里，我信你信到脚趾头里。"

不被信任的孩子，自卑而敏感，一生都渴望得到父母的认可。而充分被父母信任的孩子，不会辜负这份信任，注定活得潇洒。

二、做孩子的"守梦者"

父母如何对待孩子的梦想，体现了父母对孩子的信任度，我们常常会听到这样的对话。

对话一：

"长大后我想当医生。"

"医生太辛苦了，你这身体吃不消。"

对话二：

"我的梦想是长大后成为一名科学家。"

"心还挺高的，就你现在这成绩，我看到时候当个清洁工还差不多。"

对话三：

"我的梦想是成为一名记者。"

"当什么记者，一个女孩子每天在外面跑又累又危险，到时候考个公务员，离我们也近。"

大多数父母总会否定孩子的梦想，从现实的角度出发，把焦点放在梦想能否被实现上。

也就是说，对待孩子的梦想，父母常常会把能否实现作为唯一标准。而父母之所以这样，究其根源，是因为父母不够信任自己的孩子。父母常常从自己的角度出发对孩子的未来进行预判，认为孩子不具备实现个人梦想的能力，进而否定孩子的梦想，以自己认为更有利于孩子的方式给孩子重新设定目标。

父母的这种不信任不仅是孩子成长道路上的绊脚石，甚至会在一定程度上给孩子造成伤害，最终会导致两种结果：其一，孩子变得没有梦想，同时会变得自卑和缺乏主见；其二，孩子会因为父母否定自己的梦想而认为父母不了解自己，不爱自己，因此变得压抑，与父母产生对抗情绪。

事实上，梦想对于孩子的重要意义不在结果，而在于梦想被实现的过程。在这一过程中，它带给孩子的力量是巨大的，它会让孩子变得积极而坚定，朝着梦想的方向努力，孩子会收获坚韧、坚持、勇敢等一系列宝贵的品质，而这些品质会让他们受用一生。

对待孩子的梦想时，父母需要充分信任孩子，并努力做到以下三点，才能更好地做孩子的"守梦人"。

1. 充分尊重孩子的梦想

中国当代著名学者、作家、哲学家周国平在他的散文集《爱与孤独》中说："当孩子编织美丽的梦想时，不要用你眼中的现实去纠正他。"所以，在与孩子聊梦想时，父母要尊重孩子的梦想，即使孩子的想法天马行空，即使我们暂时没有发现孩子与之相关的潜力，也永远不要用不切实际去否定孩子的梦想。例如，当孩子告诉我们他的梦想是成为一名飞行员时，虽然听起来这个梦想很难实现，但我们依然要相信他、肯定他、尊重他的梦想。

2. 引导孩子展开想象的翅膀

父母需要引导孩子展开想象的翅膀。不要只问孩子有什么梦想，而要不断向孩子确认，为什么会是这个梦想，是因为喜欢哪个感觉，进而将这种感觉放大。

例如，孩子的梦想是成为飞行员，父母需要基于孩子的这个梦想，引导孩子展开丰富的想象。

"宝贝，你为什么想当飞行员？如果你真当上了飞行员，会是什么感受呢？你觉得当你坐在飞机上，代表机长通知乘客的时候，会是什么感受？当飞机落地，飞完你的第一班航班，你会是什么感受？孩子，你觉得那个时候别人会怎么看你？你想成为一名什么样的飞行员？你想从哪里飞到哪里？如果用一种水果或你最喜欢的东西来表达你此刻的心情，你会选择什么呢？"

问题越具体越好。孩子埋下梦想的种子，肯定是因为这颗种子带给孩子的启发或感受特别好，而具体的问题会加深孩子梦想实现后的体验感和真实感，提升孩子实现梦想的动力。

3. 引导孩子制订实现梦想的具体计划

当孩子有了梦想，有了动力之后，父母需要引导孩子制订具体的计划，将远大目标与小目标结合起来，引导孩子把梦想从思想层面落实到行动上来。下面还是以飞行员案例为例进行说明。

例如：

"那飞行员是不是需要很好的身体素质呀？对视力的要求是不是极高？那从现在开始，你是不是需要注意保护好你的视力？学习的时候可以离书本远点，每天坚持做眼保健操；多吃胡萝卜也对眼睛好……"

我们还可以引导孩子为实现梦想做更多切实的计划……

我们会发现相信和梦想具有无穷的力量，不将注意力放在孩子的梦想能否被实现上，可以让孩子为梦想去做更多更好的改变。我经常会在课程中讲："梦想从来都不是拿来实现的，梦想是在面对困难的时候生发动力的！"

信任孩子的父母会充分尊重孩子的梦想，不断鼓励孩子向梦想努力，并加以正确引导。父母信任孩子，正确对待孩子的梦想，最终决定了孩子的高度。

三、与孩子共进退

《垫底辣妹》是一部根据真实故事改编的电影。影片中的女主人公叫沙耶加，在父亲和老师眼里，她是一个整天只沉迷于打扮而无心学习的高中生，学习成绩非常糟糕。不过，母亲却没有放弃这个众人眼里典型的"坏孩子"，相反母亲一直信任她、鼓励她、支持她、引导她。

当沙耶加遭遇校园暴力，害怕得不敢去上学时，并没有引起老师的关注。母亲发现了这一事情，向老师寻求帮助，老师却以伤得不重为由置之不理。母亲为此与老师据理力争："这不是伤得轻与否的问题，而是这个行为会让孩子产生心理问题。"母亲的据理力争没能引起老师的重视，但为了沙耶加的心理健康，母亲果断给她转学，即使沙耶加的成绩排名只能转到更差的学校，但在这位母亲心里，孩子的心理健康比成绩更重要。

一次，沙耶加因为在课堂上打瞌睡，又被学校请了家长。母亲并没有因为经常被老师叫去谈话而感觉丢了自己的脸面，她反而感谢学校增加了她与孩子沟通的机会。

沙耶加的成绩令母亲担忧。母亲想请人给沙耶加补习，却遭到父亲的反对。父亲认为这完全是在浪费时间和金钱，并拒绝支付孩子的补习费。但母亲认为多学点知识，对孩子总是好的，于是她选择自己出去工作给孩子挣补习费。

当大多数人都戴着"有色眼镜"看沙耶加，认为她是一个坏孩子时，沙耶加也开始对自己产生怀疑，甚至自暴自弃。但庆幸的是，沙耶加的母亲自始至终相信沙耶加。母亲的信任和不离不弃让沙耶加重新充满了希望和力量，于是沙耶加开始振作。最终，沙耶加从学校倒数逆袭考上名牌大学。所有人都对她刮目相看，沙耶加的人生也从此明媚了起来。

与孩子共进退，要求父母不仅能共享孩子胜利时的喜悦，更能与孩子分担人生的常态——失意。当孩子有缺点、短处、难处的时候，正是父母理解他、心疼他、包容他、帮助他、爱他的最佳时机！

当孩子情绪低落时，我们能够有效陪伴，做孩子心灵的支柱；当孩子成绩不好时，我们学会看到孩子的闪光点；当孩子厌学时，我们能够理解并积极引导；当孩子犯错时，我们学会包容，永远不会上升到对孩子的人格进行评价和侮辱；即使在众人眼中看不到希望的孩子，我们却依然打心里相信他，不放弃他；当全世界与孩子为敌时，他依然是我们最爱的孩子。

> **思考：** 你信任孩子吗？你是如何跟孩子聊梦想的？在日后培养孩子的过程中，你应该怎么做？

了解爱的频道，精准地向孩子表达爱

大多数父母都明白一个道理，父母应该多向孩子表达爱，因为在充满爱的环境下长大的孩子会更加自信、乐观，但父母总是不知该如何向孩子表达爱。

爱孩子是父母的本能，但爱与会爱是两码事。很多时候父母觉得付出了很多，却没有得到孩子的理解与回应。之所以这样，根源就在于父母跟孩子不在同一"频道"，父母释放了爱的信号，但孩子接收不到这种信号。

要想让孩子感受到父母的爱，与孩子建立亲密感，父母需要了解孩子爱的频道。孩子爱的频道大体可以分为两个方面，即"公共频道"和"个性频道"，只有这两个频道共同作用，才能呈现出完美表达的效果。

一、公共频道：感恩、尊重

公共频道是最基础的频道，它代表感恩和尊重。

作为父母，我们常常忽视对孩子表达感谢或尊重。我们的世界里可能存在这样的观念：孩子是我生的，我养的，我怎么还需要跟他说感谢或向他表达尊重呢？

父母若从这种观点出发教育孩子，孩子自然也不会懂得感恩或尊重父母。相反，父母若对孩子抱着感恩的心，会让孩子学会感恩；父母尊重孩子，也会让孩子学会尊重父母及他人。正如教育家斯宾塞所说："野蛮产生野蛮，仁爱产生仁爱。"感恩孩子、尊重孩子，需要我们做到以下两点。

1. 怀揣感恩之心，多向孩子表达感谢

在现实生活中，父母应该多向孩子表达感谢。

首先，感恩孩子的到来，感谢他让我们身份升级，成为父亲或母亲这一角色，是他丰富了我们的人生，让我们感受不同角色的酸甜苦辣，喜怒哀乐；当我们发现孩子的优点时，感恩孩子带给我们的喜悦；当我们发现孩子的不足时，感恩孩子让我们及时自省，发现自己的不足，进而作出调整或改变，与孩子共同成长和进步，成为更好的自己。

现代翻译家、文艺评论家傅雷先生在《傅雷家书》中表达了自己对孩子的感谢，他这样写道：

"我高兴的是，我又多了一个朋友；儿子变成了朋友，世界上有什么事可以和这种幸福相比呢？……尤其是近三年来，你不知使我对人生多增了几许深刻的体验。我从与你相处的过程中学得了忍耐，学到了说话的技巧，学到了把感情升华！"

其次，父母在与孩子相处的过程中，当孩子为我们做了力所能及的事情后，我们应该及时表达自己对孩子的感谢，身体力行地告诉孩子，对待别人的帮助，我们应该心怀感激、表达感谢，而不是认为理所当然。

2. 把孩子视为与我们平等、独立的个体

在一档亲子节目的采访中，一位父亲说了这样一段话：

"我从未把她当作孩子，她是一个有思想的人，她有她的秘密，她的想法，她的人生。"

"她不属于我，我们之间是彼此独立的个体，我不把自己的意志强加于她，我们像朋友一样相处。"

这位父亲简短的几句话，值得所有父母共勉。父母真正做到将孩子视为与我们平等、独立的个体，像朋友一样和孩子相处，会让我们时时刻刻考虑孩子的感受，多了倾听，没有责骂；多了建议与鼓励，少了批评。

同样，我们也应该多给孩子选择权，尽量少给孩子做主。

在一档亲子节目中，一位父亲教育孩子的一幕也令人印象深刻。

一次，有人送给女儿小多一只小狗，小多爱不释手。小多的朋友小贝也很喜欢这只小狗，于是询问小多的爸爸，能否让自己跟小狗玩一会。小多的爸爸并没有直接答应小贝，而是对小贝说："狗狗是小多姐姐的，你应该去询问她。"

对孩子的尊重表现在生活中的点点滴滴，节目中的父亲并没有因为孩子间的一件小事而直接代替孩子作决定，相反，他给予孩子充分的尊重，让孩子为自己的事情做主。

感恩、尊重是孩子做人的"底色"，而这个底色需要父母以身作则帮孩子晕染，只有这样，亲子关系才会更加和谐，孩子在未来也才能走得更远。

二、个性频道：爱的语言、高质量的陪伴、爱的礼物

顾名思义，个性频道是指父母根据孩子的个性和喜好，向孩子表达爱。有的孩子渴望得到父母的认可，那么父母在相处过程中应尽量使用爱的语言；有的孩子渴望得到父母的陪伴，那么父母在相处过程中应尽量给予孩子高质量的陪伴；有的孩子喜欢爱的礼物，如一个温暖的拥抱等。

1. 爱的语言

爱的语言可以直抵心灵，若父母的语言充满爱，便能让孩子感受到被爱的温暖。很多孩子常常会认为自己的父亲不爱自己，这是因为父亲表达爱的频道在于默默付出，但孩子爱的频道却是爱的语言表达，所以父亲与孩子不在同一频道，孩子便无法感受到父亲的爱。

因此，在孩子的成长中，若孩子更渴望得到父母的肯定、认可，那么父母也应该试着调频，多向孩子表达肯定、赞美和鼓励。

2. 高质量的陪伴

父母的陪伴是孩子强大的安全感和自信心的重要来源。而这份安全感和自信心是孩子未来生活的"法宝"，它能给予孩子底气和力量，让孩子遇到困难不畏缩。

《红楼梦》里，林黛玉自幼丧母，父亲为了让林黛玉有更好的生活，便将林黛玉寄养在贾府。纵使林黛玉受贾母万般疼爱，在贾府中也衣食无忧，但她还是因寄人篱下，处处谨小慎微，在偌大的贾府中，林黛玉只有贾宝玉一个真正的朋友。没有父母的陪伴，林黛玉养成了极其自卑且敏感的性格；没有父母的爱与呵护，纵使她博览群

书、学识渊博，当她在孤独地面对这纷繁复杂的生活时，依然显得极其吃力，内心十分痛苦。

父母的陪伴是决定孩子幸福与否的重要因素。一个出生寒门但有父母陪伴的孩子，比一个出生贵族而父母忙于工作、疏于陪伴的孩子在情感上更富有，更具有面对挫折的能力。孩子有两条命，一条物质生命，一条精神生命。在现实情况中，不缺少给孩子物质生命的父母，而是缺少可以给孩子精神生命动力的父母。

在生活中，很多父母做到了"陪着"，而没有做到"陪伴"。"陪着"可能只是吃饱穿暖，局限于物质层面；而"陪伴"更加注重精神层面，正确引导孩子，培养孩子解决问题的能力，后者更能给予孩子力量。

对于渴望父母陪伴的孩子，他们爱的个性频道便是陪伴。父母需要思考如何给予孩子高质量的陪伴。高质量的陪伴不是陪着、看护、唠叨、控制，而是父母从精神上给予孩子更多的沟通、交流，多关注孩子的内心，多与孩子进行互动，比如与孩子一起散步、聊天、玩游戏、做手工等。

3. 爱的礼物

爱的礼物包含两层含义，其一是真实的礼物；其二是爱的鼓励，如拥抱等恰当的肢体接触。

（1）爱的礼物——没有贵贱之分

爱的礼物无需通过金钱来衡量贵重，因而没有贵贱之分。在孩子的世界里，感性大于理性，衡量礼物的唯一标准只有孩子是否喜欢，父母在送礼物时，应该贴合孩子的喜好。

例如，父母可以送给孩子一本她最喜欢的小说，并在上面写上"这是爸爸/妈妈送给你的礼物，希望你在读它时能感受到我对你的爱"，或者给孩子手写一封信，表达对孩子的爱等。

（2）爱的身体接触——孩子成长的养分

在国外，父母经常会亲吻孩子、拥抱孩子，但对于中国父母来说，通常比较含蓄，随着孩子年龄的增长，父母甚至会羞于与孩子产生身体接触。其实，身体接触是人在成长过程中最重要的营养剂，是人整个生命历程中不可或缺的爱的内容。父母适时地抚摸一下孩子，拍拍孩子的肩膀，给孩子一个拥抱，能给孩子建立安全感和自信心。

有的孩子也许不善言辞，但其爱的频道可能就是爱的接触。所以，父母试着给他一个温暖的拥抱,或拍拍肩膀,会更容易让他接收到父母的这份爱。

那么,父母应该如何辨别孩子爱的频道呢?

其实,方法很简单。父母只需观察孩子在日常生活中的表达方式。也就是说,孩子是如何表达爱的,或者说,孩子经常抱怨最多的是什么。例如,对于一个健谈的孩子来说,他爱的表达方式,极有可能就是爱的语言;如果孩子经常向父母抱怨,"你都不陪我……",那么孩子爱的频道就是高质量的陪伴;如果孩子经常喜欢拥抱爸爸妈妈,那么孩子爱的频道就是爱的身体接触。当然,孩子爱的个性频道不一定只是其中一种,这三个频道也可以共同作用。

选择孩子喜欢的方式向孩子表达爱,父母需要在感恩、尊重的基础频道上,对准孩子爱的个性频道发射爱的信号,这样才能让孩子充分接收爱。

> **思考**:你的孩子最喜欢哪种"爱的表达"?试着用孩子最喜欢的方式向孩子表达爱。

下篇

教孩子掌握正确方法，培养"爱学习、会学习"的孩子

第 6 章
为什么你的孩子学习成绩差

第 7 章
决定孩子成绩的，不是智商而是注意力

第 8 章
让孩子能记得快、记得准、记得久

第 9 章
教育就是教人去思维

第 10 章
让孩子成为自己人生的"建筑师"

作者：刘怡畅　13岁

第6章

为什么你的孩子学习成绩差

比天赋更重要的是学习能力。学习需要一种全面的能力,这不仅要求孩子对学习有正确的认知,还要求孩子能掌握科学的学习方法,并具备较强的自控力,坚定信念,持之以恒地为之努力。

自我内驱力不足：孩子，你为"谁"而学

谈及孩子的学习，大多数父母都感到"心力交瘁"。一些孩子学习不主动，完成作业总是拖拉，没有父母的催促，总会等到假期最后一刻才想起作业没有完成，好像学习压根就不是自己的事情，完全是在为父母而学。父母每次陪孩子写作业，都会上演一出闹剧，父母吼叫，孩子哭闹，可谓"鸡飞狗跳"。

之所以会出现以上的画面，就是因为孩子的自我驱动力不足。

孩子的学习动力到底来自哪里？

是外界的父母、老师的威严、监督？

还是孩子内心的兴趣、理想？

动力来源不同，孩子的学习表现也会大有差别。"没有能力走不动，没有动力走不远，能力只有根植于动力的土壤，才能长成参天大树。"

正如中国教育学专家林格所说："当孩子感到学习是为了别人，无论是满足家长还是老师的要求时，学习的动力就会降低；当孩子的学习能满足自己的好奇心，能收获美感和满足感，不用被人催促和监督，这种学习才是最有效的。"

一、孩子为父母而学

孩子为何会产生为父母而学的消极心态？

对此，父母要学会反思，因为孩子的这种心态与父母不当的教育方式息息相关。

1. 父母总喜欢用自己的理想和期望捆绑孩子

父母会给孩子设定严格的标准，并以结果为导向，当孩子达到要求时他们便表现得开心，没有达到要求时他们便不高兴，这样会让孩子认为自己只是帮父母达成愿望的"工具"。

2. 大多数父母"包办"孩子的学习，完全成为"孩奴"

父母为孩子制订各种学习计划，帮孩子决定报什么样的辅导班，到点提醒孩子该学什么，该完成什么样的学习任务，这样会让孩子在学习中丧失主动性，并对父母产生强烈的依赖感，长此以往，孩子便认为学习不是自己的事。

3. 父母不恰当的言语表达

例如，父母常常会对孩子说："赶快去给我写作业，不然就别想看动漫。"或者说："再不给我好好学习，就别想要零花钱"……父母表达中的"给我"二字和后面所带

的条件，会在潜移默化中诱导孩子把学习当成与父母的一种交易，利用学习来换取看动漫的时间，利用学习来换取零花钱，这样让学习成为一种手段，这种本末倒置的错误认知会影响孩子在学习中的表现。

所以，父母要想孩子能变得主动，首先应该避免上述这些不当的教育方式，避免过度插手孩子的学习，让孩子首先从意识上发生转变，做自己的主人，而父母则只需做到适当引导即可。

二、孩子为兴趣而学

常常听到父母谈论："孩子偏科严重，自己感兴趣的科目，总是能考得很好，而对于不感兴趣的科目，却完全没有学习的主动性。据老师反映，孩子上自己感兴趣的课时从不迟到，课上也总是积极与老师互动，与其他课上完全判若两人，要是学习所有科目都有这个劲头该多好！"

俗话说，"兴趣是最好的老师"，大抵是对以上现象最好的解释。孩子因为兴趣而学习，他的自我驱动力会更强。孩子对于自己感兴趣的事物，通常会心甘情愿地投入时间和精力，哪怕在这个过程中需要付出千万倍的努力，他们也依然孜孜不倦，即使在这个过程中遇到困难，他们也会勇往直前，绝不会轻易放弃。所以，因为兴趣而学的孩子，通常更具有主动性，他们无需父母的督促，总能又快又好地完成学习任务。

从心理学的角度分析，兴趣对于孩子所产生的自我驱动力属于认知内驱力。

1. 认知内驱力的含义

认知内驱力是指人们要求获得知识、了解周围世界、解决问题的欲望和动机，它是一种内在的学习动机，这种学习动机具有主动性和目的性。同时，由于这种动机发自内心，所以它通常比较稳定，不易受到外界的干扰。

2. 认知内驱力不足的原因

造成孩子认知内驱力缺失最主要的原因是父母越来越注重实用，而忽视孩子是否喜欢。

很多父母比较"急功近利"，总是从实用的角度出发，让孩子多读"有用"的书。在大多数父母眼里，"有用"是指与考试科目有关，对提高学科成绩有重要帮助。因此，孩子的阅读范围也被大大缩小，通常被局限于教科书、教辅资料上，但这些书籍通常又是枯燥乏味的。

父母在忽视孩子的好奇心和喜好的同时，又强迫孩子去做枯燥乏味的事情，这无疑会让孩子对学习产生枯燥乏味的刻板印象，最终会让孩子丧失自我认知内驱力，失去学习兴趣。

孩子从小感兴趣的书、喜欢的事情，不仅隐藏着孩子的学习能力，还隐藏着孩子的未来。当孩子对某个点、某个方向或某个领域感兴趣时，便会产生强大的推动力，推动他去探索，这便是认知内驱力从产生到逐渐增强进而占主导地位的过程，而在他满足好奇心的同时，也获得了自主学习的能力。这也是我从多年的教育中总结出来的学习规律：快乐、快乐，心中一乐，动作就快，快乐是学习最大的动力；痛苦、痛苦，心中一痛，学习就苦，痛苦是学习最大的阻力。

3. 培养孩子的认知内驱力，引导孩子为兴趣而学

父母培养、提高孩子的认知内驱力，就是培养孩子的兴趣。

（1）尊重、支持孩子的个人喜好

父母在培养孩子的兴趣时，要从孩子个人的喜好出发，不从众、不功利，对孩子的兴趣爱好给予充分的肯定和支持。

（2）强化孩子的中心兴趣

很多孩子在成长的过程中兴趣广泛，这并非坏事。但如果不加以引导有意识地培养中心兴趣，便很难形成志趣，最终很难突破。所以，父母需要引导孩子强化中心兴趣，从孩子自身的实际出发，因势利导，让孩子自我选择。

（3）切忌急于求成

兴趣的培养是一个过程，需要一定的时间。因此，父母要做好充分的思想准备，给予孩子充分的耐心。在这一过程中，会出现很多困难，父母要引导孩子积极应对，切忌因为时间长、难度大而半途而废。

通过培养孩子的兴趣来增加孩子学习的自我驱动力，也有一定的局限性。因为孩子对于某件事物产生兴趣是不可多得的，父母更无法要求孩子对所有的学习科目都表现出强烈的兴趣，同样，孩子学习的动力也可能会随着兴趣的消失而丧失。

三、孩子为理想而学

孩子兴趣的宝贵性、稀缺性和不稳定性，凸显了父母引导孩子树立远大的理想和目标的重要作用。

2016年福建省的理科高考状元以总分701分的高分考上了清华大学。面对记者的采访，他说："我的理想是考上厦门大学，天知道我能考上清华大学。"

据了解，这位高考状元平时学习成绩非常优异，他的理想就是考上厦门大学，没想到高考成绩远远超出了他的预期。

理想坚定的孩子，自觉且坚定，不用父母督促，总能自觉安排并完成好学习任务。他们不会受外界干扰，不会因为短暂的成果而沾沾自喜，也不会因为一时的失意而驻足不前，总能持之以恒地努力，直达目标。

树立远大理想之所以能对孩子产生如此大的作用，主要是因为受自我提高内驱力的影响。

1. 自我提高内驱力的含义

自我提高内驱力是指个人渴望通过提高个人能力而获取一定的成就，赢得一定的地位的学习动机。虽然这种动机属于外部动机，但一旦将其与远大理想和长期奋斗目标结合起来，就能够成为鞭策孩子持续奋斗的动力。

2. 培养孩子的自我提高内驱力，引导孩子树立远大的理想

要想使孩子能够自主且持之以恒地学习，父母应该培养孩子提高自我提高内驱力，正确引导孩子从小树立远大的理想和奋斗目标。

（1）重视理想的价值

在大多数父母眼中，孩子当前的学习成绩就是天大的事情，而理想遥不可及。因此，孩子的生活几乎被学习、考试填满，以至于孩子从来没有思考过自己的人生——渴望达到什么地位、获得什么样的成就等，而这样会阻碍孩子自我提高内驱力的形成。

所以，父母要把目光放长远一点，重视理想的价值，让孩子学会思考自己的人生。

（2）避免过度满足孩子

父母都把孩子视为自己的掌中宝，生怕孩子吃一点苦，受一点罪，尽量满足孩子的各种需求。

然而，这种行为却与自我提高内驱力的产生相违背。

自我提高内驱力是个人渴望通过努力而获得一定的成就和地位。父母这种过度满足孩子的行为，会让孩子因为没有经历过自己努力付出而收获成功的喜悦，便会感受不到自我价值，进而自我提高内驱力不足。

在养育孩子的过程中，父母要避免过度满足孩子，通过让孩子争取一些事，让他们感受到通过自我努力之后所获得的成就感和价值感。

（3）将兴趣作为种子

在这一过程中，倘若父母能将孩子的兴趣作为"种子"，以此引导孩子设立长远

的奋斗目标和理想，那么在兴趣的作用下，孩子会永远保持对目标或理想的奋斗热情，自觉且持之以恒地"发力"。

（4）将远大理想与短期目标相结合

父母需要帮助孩子制定阶段性的小目标，让孩子学会自我肯定与满足。

目标的设立一定要符合实际且容易达成，不一定要以结果为导向，可以从多维度去设立。例如，掌握了更多的知识点，明确了考点等。

> 思考：你的孩子在学习的过程中，属于以上哪种类型？具体应该如何引导孩子呢？

学习困难：天天在学习，成绩依然不理想

"为什么我家孩子明明那么认真、努力，学习成绩却依然不理想。"

"为什么我家孩子上课认真听讲，在课堂上也都听懂了，笔记也做得很好，下课也认真复习，但只要一考试，学习成绩却不理想。"

这部分孩子虽然对学习有正确的认知，并且在学习上具有主动性，甚至非常勤奋，但学习效果却不尽如人意。

孩子上课认真听讲，下课认真复习，但付出与最终的结果往往不成正比。这种学习状态不仅让父母担忧，而且还会打击孩子的积极性。

其实，之所以出现这样的状况，主要是因为低知识留存率和低水平重复共同作用的结果。

一、知识留存率

通俗地理解，知识留存率是指孩子在学习之后，留存在大脑中知识的多少。

美国教育学家埃德加·戴尔在1969年提出了"学习金字塔"理论，它形象地揭示了人们在不同学习方式下知识留存率的多少，如图6-1所示。

学习金字塔将学习方式大体分为两类：被动学习和主动学习。

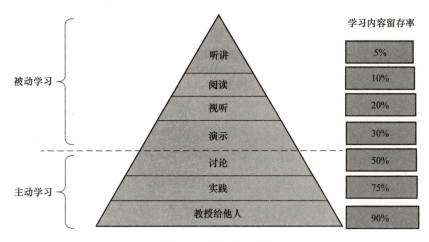

图 6-1　学习金字塔

被动学习是指知识单向输入的过程,具体包含听讲、阅读、视听、演示。在这几种学习模式下,知识留存率都比较低,分别只有 5%、10%、20% 和 30%。

主动学习是指孩子积极主动参与知识输入和输出的过程,具体包含讨论、实践和教授给他人。而在这几种学习模式下,知识留存率分别可以达到 50%、75%、90%。

总而言之,在不同的学习方式下,知识留存率存在着巨大的差异。

所以,这意味着,孩子上课认真听讲,努力学习,但成绩仍然不理想,其主要原因可能是因为孩子学习的方式不科学。

也就是说,孩子在课堂上的大部分时间只是在单向地接受老师传递的知识,在课堂上可能并没有积极发言或参与课堂讨论,所以导致孩子在课堂上的学习效率较低。这也正是我会不断强调演讲学习法的根源所在,学进去的是知识,讲出来的是能力,学习成绩与演讲重复的次数成正比。

二、低水平重复

低水平重复,是指重复已为学生所熟知的知识,或做低于学生能力水平的练习。

生活中,大多数人常常将"一万小时定律"⊖ 奉为圭臬,用勤奋、努力给孩子下定义,甚至将勤奋、努力与好结果画等号。这样让孩子形成了错误认知,让孩子认为

⊖ 一万小时定律是作家格拉德威尔在《异类》一书中指出的定律。"人们眼中的天才之所以卓越非凡,并非天资超人一等,而是付出了持续不断的努力。一万小时的锤炼是任何人从平凡变成世界级大师的必要条件。"

通过勤奋就能达成目的，于是忽视了正确的学习方法，盲目地选择"题海战术"，从而陷入低水平重复的误区。

低水平重复会让孩子苦学无效，主要是由低水平重复自身的特点所决定的，具体体现在以下两个方面。

1. 低水平重复忽略了正确的方法

低水平重复的重点在于"低水平"和"重复"，忽视了有针对性的练习。重复已经熟知的知识或做低于实际水平的练习，这实际是在做无用功。

陷入低水平重复误区的孩子会比较盲目，缺乏对自身清晰的认识，为了做题而做题，贪多求全，没有针对性，这样不仅导致自己薄弱的环节没有被攻克，还加重了自己的学习负担。

2. 低水平重复强调过程重复，而不是寻求创新与突破

低水平重复就好比拧螺丝的过程。我们不断重复练习拧螺丝，花费了大量时间，也许最终能加快速度，但我们忽视了创新和突破。我们原本可以选择其他更好用的工具来提高效率，最终达到事半功倍的效果。

同样，在孩子的学习中，低水平重复没有注重创新突破。孩子不断重复已熟知的知识点，或做低于自己能力水平的练习，会因既得的能力而忽视积极的思考和对学习方法创新的探索，当题目稍微发生点变化时，孩子便不知所措。

低水平重复既没有让孩子获得新知识，也没有获得新能力，所以不仅无法诱发孩子的求知欲，而且孩子容易在繁重的学习任务下产生厌学心理。

三、3招摆脱低效能学习的困境

课堂上低知识留存率和课后的低水平重复导致孩子苦学无效。下面教你3招让孩子摆脱这种低效能困境。

1. 让孩子远离低质量的勤奋

低质量的勤奋实则是用战术上的勤奋来掩盖战略上的懒惰，从某些方面来说与懒惰毫无二致，甚至比懒惰更可怕。因为它掩盖了懒惰的本质，会让孩子产生无力感，极端情况下甚至会让孩子对学习产生绝望的情绪。

所以，父母应该引导孩子远离低质量勤奋，注重提高学习效率。

（1）给孩子树立正确的学习观念

作为父母，我们常常关注的是孩子是否在学习，却很少关注孩子学习效率的高

低。这样也使得孩子很多时候只是在"装模作样"地学习,既花费了时间成本,又毫无收获。

时间不是衡量学习效果的标准。也就是说,并不是孩子学习的时间越长,表示学习成果越好,父母应该首先转变这个观念。

其次,父母可以在孩子学习的过程中,帮助孩子树立高效的学习观念,鼓励孩子用高效的学习方法。

(2)帮助孩子了解自身学习情况,做到有的放矢

大多数情况下,孩子对自己学习中存在的优势和劣势并没有清晰的认知,一味埋头苦干,像"无头苍蝇"一样,慌乱而没有目标。所以,父母帮助孩子了解自身学习情况,做到有的放矢就尤为重要。

父母可以通过询问孩子以下问题,让孩子对自己的学习情况形成正确的认知。

你的弱势科目是哪些?优势科目是哪些?

在你的优势科目中,有哪些好的学习习惯值得借鉴?

学习弱势科目时,主要是没有掌握哪些知识点?

目前在学习中存在哪些问题?哪些是急需解决的?

回答完这些问题,孩子对自己掌握知识的情况会有清晰的认识,也会更加明确自己努力的方向,从而为自己制订行之有效的学习计划打下良好的基础。

(3)引导孩子科学用脑

很多孩子都会熬夜学习,但最终感觉头昏脑涨,效果甚微。其实,学习更需要讲究科学用脑。

首先,父母需要保证孩子有充足的睡眠时间。

充足的睡眠,是孩子提高学习效率的前提。睡眠除了可以缓解疲劳,还可以帮孩子整理当天所学的内容,排除干扰信息,对重要内容形成记忆。充足的睡眠能让孩子第二天精力充沛,从而达到事半功倍的效果。

其次,父母可以引导孩子利用一天中的"黄金学习时间",合理安排学习任务。

父母可以参考以下四个黄金学习时间。

清晨起床更适合朗读。大脑经过一夜的休息,整理了记忆。这个时间段没有其他记忆的干扰,比较适合记忆新的知识。

上午8点至10点,大脑思维活跃,比较适合攻克难题。

下午6点至8点,大脑思维活跃,比较适合整理、归纳一天的学习内容。

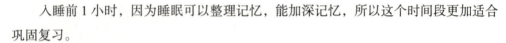

入睡前1小时，因为睡眠可以整理记忆，能加深记忆，所以这个时间段更加适合巩固复习。

2. 主动式多维学习

传统的教学理念强调上课仔细阅读、认真听讲，这两种学习方式本身没有任何问题，但因为它们是最底层、最基础的学习方式，所以对应知识的留存率比较低。而学习金字塔也告诉我们，随着学习维度、互动的增加，知识留存率也会逐渐增加。

学习金字塔为我们寻找更优的学习方式提供了指引：采用交互感越强的学习方式，知识的留存率越高，学习效率越高。主动式多维学习方法正是基于此而提出的。

主动式多维学习包含两个层面，即互动式和多维度学习。

所以，父母在孩子学习的过程中，在保证加固基础的前提下，还需引导孩子在学习时养成互动的习惯，培养孩子的发散性思维。

（1）引导孩子参与讨论、积极发言

父母需要引导孩子在课堂学习中积极参与讨论、发言。虽然父母没有办法左右课堂，但可以在日常学习中有意识地引导孩子，培养孩子相关的能力。

父母可以给孩子营造场景式的学习环境。

例如：

对于刚读的这篇文章，你能跟我分享一下其中的主要内容吗？这篇文章有没有让你觉得难以理解的地方？这篇文章给你带来了什么启示呢？

在这个过程中，孩子能将自己的疑问、困惑或思考表达出来，这样也才能让父母知道孩子没有掌握哪些方面或在哪些方面特别擅长，同时讨论和发言也有助于孩子充分消化和掌握知识。

当孩子养成了积极思考、参与讨论并发言的良好习惯，自然也会在课堂上与老师、同学形成良好的互动，进而提高学习效率。

（2）帮助孩子延伸知识、拓展视野

例如，父母可以关注孩子课堂学习的内容或主题，在课外展开与之对应的学习活动。父母可以与孩子一起上网搜索相关的图片、视频，或购买相关的书籍进行知识延伸；也可以陪孩子去博物馆、植物园、展厅、电影院，或者陪孩子听相关讲座进行知识拓展。由此帮孩子拓宽视野，增强孩子的体验感。这样不仅能提高孩子对学习的兴趣，而且能让孩子知其然还能知其所以然，让孩子在轻松的氛围中掌握更多的知识。

3. 向外输出学习法

根据学习金字塔原理，知识留存率最高的学习方式是将知识教授给他人，留存率高达 90%。我们可以将向外输出学习法等同于将知识教授给他人。

向外输出学习法主要包含两个维度：第一，语言输出；第二，文字输出。

（1）语言输出

语言输出，顾名思义，是父母引导孩子将所学知识组织成语言，以教授给他人。这个维度主要可以通过演讲、角色扮演、辩论等方式完成。在我的课堂中，最常用的方式是演讲。我常说，演讲力就是学习力，演讲力就是影响力，演讲力就是领导力，演讲力就是品牌力，演讲力就是幸福力！演讲改变命运！让演讲分享成为一生的快乐习惯！

例如，父母可以引导孩子当自己的小老师。

当孩子写完作业后，父母可以选取其中有代表性的题目这样引导孩子：

☑ "你能教教爸爸做这道数学题吗？爸爸不懂，现在你就是爸爸的老师，你需要耐心一点，从审题开始教爸爸……"

在孩子教授的过程中，父母应该关注孩子的解题思路，可以适当提问：为什么要用到这个数学公式？除了用这种方法，还能用其他方法吗？这一类型的题目是否都能用这样的方法……

同样，父母可以在家庭中围绕某个与学习相关的主题，举行辩论比赛。

在辩论前期，父母可以引导孩子大量搜索、查阅相关资料，并将其消化为自己的知识，最后进行表达。

（2）文字输出

文字输出是指将所学知识用文字整理出来的过程。

当孩子阅读时，父母可以引导孩子写读后感。这样孩子便会带着思考去阅读，在读完之后，将自己收获的知识进行归纳，并整理成感悟，最终书写成文字。这其实也是教授给他人的过程。在这个过程中，孩子会将所学的知识内化为自己的知识，学习效率得到大大提高。

但在这一过程中，要始终以孩子为主导，尽量采用孩子乐于接受的方式，而不能过于严厉和刻板地制订学习任务，这样就违背了初衷，会适得其反。

练一练：结合以上内容，帮助孩子找到学习效率低的原因，并制订切实可行的计划。

自控力差:"熊孩子"究竟"熊"在哪

在生活中,还有这样一类孩子,他们不仅缺乏学习的主动性,没有勤奋学习的态度,还会经常给父母惹麻烦,出"难题",这便是我们口中的"熊孩子"。

"熊孩子"的表现如下:

对待学习没有耐心,做事粗心马虎。

存在畏难情绪,爱使小性子,学习上一遇到困难就会大吵大闹,情绪失控。

不遵守课堂规则,不但自己不学习,还影响他人学习。

说好看完一集动画片就去写作业,当父母关电视时他又开始耍赖。

……

"熊孩子"的表现大体可以概括为以下四点:不愿意等待、不愿意忍耐、脾气差、不遵守规则,而这归根结底都是因为孩子的自控力差。

一、孩子的自控力,天生就存在差异

自控力是指控制自己情绪和支配自己行为的能力。

自控力是影响一个人是否成功的关键因素。自控力强的人,可以不断鞭策自己完成既定的任务,同时善于抑制偏离既定目标的欲望、动机,并且能够很好地调节自己的情绪。相反,自控力差的人,通常比较放任自己,对自己的行为、言行不加以约束,没有目标感,想到什么便做什么,不考虑自己的行为后果。

那么,自控力是天生的吗?换句话说,孩子的自控力是否天生就存在差异?

答案是肯定的。

相关研究表明,孩子的自控力会受到遗传因素和生理发育的影响。

1. 自控力受遗传因素的影响

美国心理学家斯奈德曾以同卵双生子(同一个受精卵的双胞胎)和异卵双生子(两个受精卵的双胞胎)为实验对象,将遗传对自控力的影响进行了相应的研究。最终实验结果表明,孩子的自控力会受到遗传因素的影响。

2. 自控力受生理发育的影响

自控力受生理发育的影响,是指神经系统的发育直接影响自控力的形成和发展。

自控力和大脑前额叶的自我调节功能有关——前额叶功能发育得早、发育得好,人的自控力就强;反之,自控力就弱。

根据科学研究表明，0~3 岁的孩子由于大脑前额叶机能未发育成熟，所以处于这个阶段的孩子往往比较冲动，高兴了就笑，生气了就发怒或哭，自控力很差。

而随着孩子年龄的不断增长，大脑相关部位也不断发育成熟，孩子的自控力也会不断增强，前提是需要父母加以正确的引导。

虽然孩子的自控力受遗传因素和生理发育的影响，天生存在差异，但孩子的自控力也是在父母的教育和培养下逐步建立的。因此，父母对于孩子的自控力不应该采取放任不管的态度，应该把握好时机，加以科学的引导。

二、6 岁前，进行自控力的"硬件"训练

父母应该从什么时候开始培养孩子的自控力，具体又该如何培养呢？

除了关注孩子生理的大脑发育机制，父母也要关注孩子在成长过程中的心理发展需求。

美国社会心理学家埃里克森研究指出，人的一生可以分为八个发展阶段，每个阶段都有其心智成长的特定目标，如果在这个阶段出于某些原因不能正常发展，这个人会在生活中出现一些问题，长大后他就需要补回这个过程，但是需要付出很大的代价。

在不同的年龄阶段，孩子有不同的心理需求。埃里克森总结的孩子各年龄阶段的发展特性如表 6-1 所示。

表 6-1 孩子各年龄阶段的发展特性

年龄	阶段
0~1 岁	信任对不信任的阶段
1~2 岁	自主对羞愧的阶段
3~6 岁	主动性对内疚的阶段
7~12 岁	勤奋对自卑的阶段
……	……

综合孩子大脑生理发展的机制和心理发展需求来看，在 6 岁前的这个时间段，既是孩子大脑自控力相关部位发展最为快速的时期，也是心理需求发展不稳定的阶段。所以，在这一时期，父母通过对孩子进行一定的训练，便可以促进其大脑前额叶的发育。同时掌握孩子心理发展不平衡的规律，父母给予孩子正向引导，从而达到培养其自控力的目的。在 6 岁之前，孩子还未趋于理性，所以我们实则是对大脑进行的一种类似"肌肉记忆"的训练，我们把大脑比喻成"硬件"，因此将它称为"硬件"训练。

在对孩子进行自控力的"硬件"训练时，父母需要把握一个原则，即哭、闹、要不能解决任何问题。

正如瑞士教育家裴斯泰洛齐在《葛笃德如何教育她的子女》一书中写道："让孩子明白大自然是不会因为他们的暴力而改变的。"

这里所说的自然界实则是指孩子内心以外的世界，这个世界不可能让孩子为所欲为，若孩子不懂得克制和忍耐，以后可能会受到伤害。在这个前提下，父母需要在孩子不同的年龄阶段做积极引导。

0~1 岁，给予孩子安全感和信任。

如何给予孩子安全感和信任？父母首先要思考哪些行为能让幼小的孩子感到信任。首先孩子肚子饿了，我们要喂他食物；哭了，我们安抚他。但同时，我们也要注意，在这个过程中，尽量给孩子养成规律的生活习惯，例如，尽量固定吃奶时间和睡觉时间，因为规律的生活本身也是在帮孩子建立安全感。这样也能减少给孩子形成"一哭便可以得到满足"的"记忆"。

2~3 岁，引导孩子独立完成一些力所能及的事，爱护孩子的羞耻心。

2~3 岁是孩子产生自主意识与羞耻心的阶段。在这一阶段，我们要开始引导孩子独立完成一些力所能及的事情，为孩子建立隐私意识。例如，我们可以慢慢教孩子自己上厕所，让孩子学会自己系鞋带等，当孩子完成之后，要及时鼓励孩子。这样既保护了他的羞耻心，也给他制造了一些独立完成事情之后的满足感，极大地满足了他在这一阶段的心理需求。

4~5 岁，给孩子提供帮助父母的机会，帮助孩子建立自信。

4~5 岁的孩子开始有主动性，有想要帮助父母做点什么的意识。其实，细心的父母通常会发现，这个时期的孩子会特别乐意帮助你，他常常学着父母拿扫把扫地，看见我们洗碗时，总是想要跑过去帮你……虽然他常常帮倒忙，但我们一定不要责骂他们，因为这样很容易让他们陷入自责。相反，当孩子处于这一阶段时，我们还要请求他多帮帮我们，这样让他有种被需要的感觉，会更有利于帮孩子建立自信。

三、6 岁后，进行自控力的"软件"提升

6 岁后，孩子的心理、生理都会发生较大的变化，自主控制的意识也会加强，各种情绪都会逐渐形。这时父母应该更加关注孩子的心理需求，注重培养孩子的自我管理能力。

所以，我们将这个阶段对孩子自控力的培养称为"软件"提升。

在这一阶段，父母需要做到以下三点。

1. 引导孩子科学管理自己的情绪

很多孩子的自控力差表现在无法控制自己的情绪上。所以，父母引导孩子科学管理自己的情绪，是培养孩子自控力的重要方式。父母需要帮孩子认清自己的情绪，为不良情绪找到适当的表达方式。

2. 引导孩子给自己制订计划

父母可以从生活的点滴中，引导孩子给自己制订计划。

例如，父母每天可以有意识地引导孩子：

"明天几点钟上学？据我观察，你每天早上起来需要刷牙、洗脸、吃早餐等，要两个小时才能出发，那你觉得你明天应该几点钟起床？是先刷牙，还是先喝奶？"

父母应该让孩子慢慢养成自我管理的习惯，做到心中有数，进而提高自我管理能力。自我管理能力提高，是孩子自控力增强的重要表现。

同样，父母还可以引导孩子给自己制订学习计划。

当孩子有了学习任务时，父母可以引导孩子主动进行排序，哪些是急需完成的，哪些是可以暂缓的，并制订完成计划。孩子一旦给自己确定目标，他在学习过程中的目标感会更强，这样便不容易被其他事物分心，自控力也由此得到了提升。

同时，当孩子按时完成了自己制订的计划时，父母需要给予孩子一定的奖励，进行正面激励，引导孩子肯定自己的行为。

3. 父母需要以身作则

优良的示范通常最具有说服力，父母在增强孩子自控力的同时，也需要以身作则。若父母平时没有良好的生活习惯，便不能给孩子树立学习的榜样。

例如，在日常生活中，如果父母习惯熬夜，孩子通常也会在父母的影响下习惯晚睡。父母熬夜玩手机、看剧，孩子便在熬夜打游戏，这会让孩子没有时间观念。而在习惯阅读的家庭中，孩子通常也喜欢读书；在习惯按时吃饭的家庭中，孩子的作息时间也比较规律。

自控力在孩子的一生中都扮演着重要的角色，所以父母需要科学引导孩子建立牢固的自控力，让孩子真正强大起来，拥有幸福人生。

思考： 你认为应该如何培养孩子的自控力？

作者：刘怡畅　**13** 岁

第7章

决定孩子成绩的，不是智商而是注意力

法国生物学家乔治·居维叶说："天才，首先就是注意力。注意力就是知识的窗户，没有它，知识的阳光就照射不进来。"相关研究表明，98%的孩子智商相差并不大，高智商和低智商分别仅占1%，但为何大多数孩子的成绩差异很大呢？其中最主要的原因就是孩子的注意力集中程度不同。

什么是注意力

很多父母认为孩子的成绩不好，是因为孩子的智商与其他孩子有差异。事实上，虽然有智力过高的天才少年，但大部分孩子的智力是旗鼓相当的。真正决定孩子成绩的，不是孩子的智商，而是注意力。

同样 1 小时，有的孩子能够专注投入 40 分钟，而有的孩子却只能坚持 30 分钟或 20 分钟。表面看起来，只有 10~20 分钟的差距，但如果将这 10~20 分钟的差距放大到 1 年、5 年，甚至更久，那么其差距会非常明显。

一、注意力不集中的表现有哪些

注意力是指人的心理活动指向和集中于某件事物的能力，即通常所指的全神贯注于某件事物的时长，它主要包含两个动态的过程：察觉和停留。

察觉是指被动注意和主动注意，而停留则是指察觉的同时，停留在这件事物上的时间长短。这两个过程都会影响孩子注意力的集中程度，若外界信息具有很强的吸引力，或孩子主动注意的意识比较强烈，那么注意力通常都会比较集中。

为了更好地理解注意力，父母需要了解孩子注意力不集中的更多表现。孩子注意力不集中的表现有很多种，最常见的可以概括为以下五点。

易受环境干扰、容易分心；

做事 3 分钟热度，有始无终；

经常丢三落四；

学习粗心、马虎，容易出错；

上课容易开小差，经常走神、发呆。

以上这些都是孩子注意力不集中的重要表现。值得注意的是，孩子的注意力并不局限在学习方面，它更体现在生活中的方方面面。

同时，根据科学家研究发现，不同年龄阶段的孩子的注意力集中时长是不一样的，见表 7-1。通常随着孩子年龄的增长，注意力集中时长也会更长，但不是随着年龄无限增长。

因此，父母不必强行要求孩子具有与其年龄不相符的注意力集中水平，只要孩子的注意力集中时长符合其年龄段内该有的水平，就不必过分苛责孩子。

第7章 决定孩子成绩的，不是智商而是注意力

表 7-1　不同年龄阶段孩子的注意力集中时长

年龄	注意力集中时长
1～3 岁	5～10 分钟
3～7 岁	15～20 分钟
7～10 岁	20 分钟
10～12 岁	25 分钟

二、注意力是否集中，看这四个标准

正确认识注意力后，父母应该如何判断孩子的注意力是否集中呢？一般可以通过四个标准来衡量，即进入状态、抗干扰能力、持续时间及权衡能力，如图 7-1 所示。

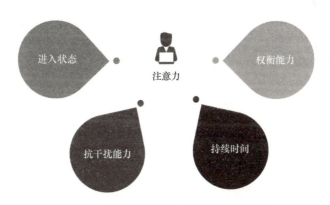

图 7-1　判断注意力是否集中的四个标准

1. 进入状态

进入状态是指孩子从一种转态立刻进入另一种状态的时间。如孩子在看完电视后开始学习，需要花费多长时间才能真正从看电视的状态转换到学习状态。进入状态耗时越短，代表孩子集中注意力的速度越快。如果一个孩子在看完电视后能立刻从电视情节中抽离出来，沉浸到学习当中，说明这个孩子很容易集中注意力。

2. 抗干扰能力

孩子抗干扰的能力体现了其注意力的稳定性。在一段时间内，孩子的注意力能否完全集中在某一特定的对象上，依赖于孩子抗干扰的能力。

万事万物都有可能干扰孩子，如窗外飞过一只蝴蝶、路上响起一阵车鸣声等。当孩子做某一件事时，受到外界干扰的影响越小，说明其抗干扰能力越强；反之，如果孩子很容易在做一件事情时被其他事物打断，那么说明其抗干扰能力较弱。

3. 持续时间

持续时间是指孩子专注于一件事情的时长。孩子专注于一件事情的持续时间越长，代表其注意力越集中。但持续时间是相对的，因为人的精力是有限的，再专注的人也不可能无限时长地专注于一件事情，孩子更是如此。

4. 权衡能力

权衡能力是指协调能力。

孩子在学习过程中需要调动各方面感官协调配合，例如听、说、读、写，同时还要跟随老师的节奏，有时候甚至还需要调动情绪等。有的孩子在课堂上只能听老师讲课，却无法记笔记，也无法筛选重要内容；而有的孩子却可以边听、边记笔记，掌握重点内容。这其实就是注意力权衡能力强弱的重要表现。通常来说，孩子越能充分调动各种感官和协调多种活动，代表孩子的权衡能力越好，注意力也越集中。

父母可以根据上述标准来判断孩子的注意力是否集中。

> **练一练**：根据以上四个标准，判断你家孩子的注意力是否集中。

孩子的注意力需要保护

在孩子成长的过程中，注意力不集中是十分普遍的现象，也是最困扰父母的问题之一。

为何孩子会注意力不集中？有的父母认为这是孩子的态度问题，有的则认为这是孩子状态不好，还有的认为是因为孩子缺乏兴趣。在大多数父母眼里，注意力不集中都是孩子的问题。殊不知，父母才是孩子注意力不集中的主要责任人。

在日常生活中，父母很多看似正常的举动，会在无形之中破坏孩子的注意力。

因此，要想提升孩子的注意力，父母首先应该停止做一些分散孩子注意力的事情。

一、孩子专注的时候，不要打断他

有的父母会在孩子专注于做一件事情时，不停地打断孩子。

例如，当孩子专心玩耍时，父母会在一旁询问孩子"你在干什么""渴不渴""要不要吃东西","这么认真呀,我来陪你一起玩吧",抑或是当孩子在玩耍的过程中弄脏了手时,父母会立刻拿出毛巾帮孩子擦手。

父母这些不经意的行为,实质上正在一步步破坏孩子的注意力。

注意力是一种持续的认知活动,当孩子专注于做一件事情时,父母的嘘寒问暖和其他介入行为会打破孩子专注的状态,使孩子被迫中断。长此以往,其注意力不断遭到破坏,孩子的专注力也会大大降低。

所以,当孩子专注于做某件事情时,无论是在学习还是玩耍,父母都不要轻易打断孩子。若因为某些特殊的原因不得不打断孩子,也应该提前告知孩子,给孩子一些缓冲的时间。

二、不强迫孩子长时间做一件事

"把所有的作业都完成了才能出去玩。"

"你怎么写了这么长时间还在写第2题,赶快写,不写完,今天哪也不许去。"

"望子成龙,望女成凤"是所有父母共同的心愿。在竞争激烈的社会,父母对子女的教育怀着急切的心情,生怕孩子被落下。"学习要马不停蹄,不然会退步",这个观念深入人心,所以父母常常会要求孩子长时间做一件事情,希望在此过程中获得长足的进步。

但在父母的这种要求下,常常事与愿违。孩子在长时间的学习中不但不能达成目标,还表现得注意力不集中、效率低下,最后还会丧失兴趣。

之所以会产生这样的结果,是因为父母违背了科学规律。

科学研究表明,人的注意力时长是有限的,任何人在一段时间里注意力高度集中以后都会感到疲惫,更何况是孩子。在精神和体力都疲惫的情况下,若家长继续让孩子苦苦撑着,就会让孩子变得精神涣散,效率低下,最终使得孩子的注意力遭到破坏。

所以,为保护孩子的注意力,父母不要强迫孩子长时间做一件事情,相反可以帮助孩子将学习任务进行拆解,将大任务划分为小任务,在小任务完成后适当休息,让孩子恢复精神后继续学习,这样才有可能达到事半功倍的效果。

三、给予孩子独处的空间

父母或家人出于对孩子的爱,常常给予孩子"无间隙"的陪伴,甚至将所有注意力都放在孩子身上,让孩子缺少独处的空间。

而缺少独处的空间，也会导致孩子注意力不集中。

孩子的注意力是有限的，父母过度地关注、陪伴、亲昵相当于干扰，会抢占孩子的注意力。长期生活在这种环境下，孩子的心性就会变得浮躁，久而久之，很难沉下心去专注于做一件事情。而孩子独处时，少了外界的干扰，更容易集中注意力去感受、思考。相关研究表明，能独处的孩子学习成绩会更加出众，思考问题会更加全面深入，学习效率也会更高。

在我的记忆里，过度陪伴带来的注意力不集中的问题在我表妹身上体现得尤为明显。表妹是家里的独生子女，她的爷爷奶奶、外公外婆以及爸爸妈妈都住在一个院子里，所以每天几乎所有人都在围着她转。

还记得表妹在小时候刚学会爬楼梯时，外公赶紧拿出来相机捕捉这一画面，并对她说："贝贝快看外公这里。"同时外婆透过窗子，在厨房中叮嘱道："当心哟，贝贝。"一旁的爷爷见到孙女学会了爬楼梯，对她竖起大拇指，高兴地说道："都会爬楼梯啦，贝贝真棒。"

类似的场景数不胜数，有时候，只要表妹离开大人的视线一会，或在房间里没有发出声音，大人们都会喊道："贝贝，你在哪？在干什么？快出来。"所有人都想给她最好的照顾，无时无刻都有人陪着她，逗她开心，当她遇到困难时，总会有很多人立刻赶过去帮她解决。

但也就是这种过度陪伴造成她浮躁的性格，做事常常是3分钟热度，甚至比较好动，经常坐立难安。

独处其实是一种能力，能独处，孩子才会更加专注。父母在孩子的成长过程中应该给予孩子独处的空间，在安全的范围内，让孩子学会独处。

四、避免孩子掉入"一问三不知"的怪圈

父母常常抱怨，与孩子说话时，孩子常常处于"一问三不知"的状态，有时候甚至需要跟孩子重复好几遍，才能得到一点回应。

而这其实是孩子注意力不集中的重要表现，之所以会产生这种状态，都是由于父母习惯在孩子面前唠叨造成的孩子的注意力损伤或自动屏蔽的表现。

"今天在学校开心吗？中午有睡午觉吗？想不想妈妈……"

"午饭带好没？有没有穿秋衣？牙刷干净了吗？"父母一边忙着自己手上的事情，一边询问着孩子。

父母常常不等孩子回答，就向孩子发出了一连串的问题，让孩子不知该如何回答。久而久之，父母的这种行为会让孩子产生误解——当父母在询问问题时，往往并不是真正想得到某个答案。

慢慢地，孩子不再会留意父母说的话，甚至会自动屏蔽父母说的话，因而当父母再发声时，便不能引起孩子的注意。渐渐地，孩子自然就出现了"一问三不知"或不理父母的状态。

所以，要想让孩子集中注意力，父母要从减少唠叨开始，而且尽量不要与孩子远距离对话，当需要与孩子沟通时，走到孩子的身边，让孩子看着我们的眼睛，一字一句与孩子说清楚，引导孩子作出回应。

五、不要立刻"跳"出来指正孩子

"这个字没写好，重写！"

"这道题写错了，你再仔细看看。"

"这题不是这样写的，应该是这样……"

在对待孩子的学习时，很多父母通常都表现得比较急切，生怕孩子出错，迫切希望将所有知识一股脑灌输给孩子，一旦发现孩子的错误，便会立刻"跳"出来指正，这样做会破坏孩子的注意力。

孩子的学习过程也是探索的过程，当孩子投入这一过程时，父母不合时宜的干预会中止孩子的探索，破坏孩子的思考。同时，父母立刻指正还会让孩子把注意力放在不能犯错而不是学习本身上，最后会让孩子认为让自己不犯错的最好方式就是"什么都不做，父母指挥写什么，自己就写什么"。久而久之，孩子便失去了独立思考的能力，且孩子长时间处在紧张、焦虑的状态下，其注意力也会受到损害。

所以，在孩子学习的过程中，父母应该避免破坏孩子完整的学习过程。

父母应该让孩子独立完成学习任务，自行检查后再交给父母或老师。即使孩子的字写错了，笔画写歪了，或者解题思路错了，也不要选择立刻去纠正孩子。这样才会让孩子更加专注、独立、完整地做好每一件事情，在这个过程中，孩子才能收获更多，才能得到真正的成长。

> **思考：** 你是否存在破坏孩子注意力的行为，应该如何改进？

孩子的注意力也可以培养

孩子的注意力除了可以通过父母停止一些无知的行为进行有效保护外，还可以通过培养获得提升。

父母培养孩子的注意力，应该从生活的细枝末节中开始。

一、一段时间只做一件事

人的注意力是有限的，将注意力分配在不同性质的事物中，会严重消耗注意力，使得注意力的效能越来越低，最终一事无成。

猴子掰玉米的故事形象地揭示了这个道理。猴子在同一时间段内，面对不同的选择，玉米、桃子、西瓜……，注意力被分散，忘记了自己的初衷，最终落得两手空空，毫无收获。

在现实生活中，孩子就像故事中的小猴子一样，在同一段时间里，父母让孩子面对不同性质的事物，就会让孩子无法专注地做好每一件事。

父母常常会有这样的体会，如果同时给孩子买很多玩具，那么孩子会触碰每一个玩具，但每个玩具都不会玩太久。相反，给孩子提供的玩具种类越少，孩子越愿意沉浸其中，通常也越容易找到自己珍惜和喜爱的玩具。

所以，父母在教育孩子时，需要引导孩子在一段时间只做一件事情。这不仅局限于学习，平时生活的方方面面亦是如此。

当孩子出去玩耍时，不要提醒孩子作业还没完成，让孩子专心玩耍；当孩子在玩玩具时，关掉电视机；不要让孩子养成边吃零食边学习的习惯……

二、把伸长的手收回来

生活中，常常出现以下情景。

情景一：

清晨，孩子用不太熟练的手，认真地给自己穿衣服。突然，母亲闯了进来，急促地问道，"还没穿好？"看着孩子笨拙的姿势，母亲忽的一下将孩子从床上"拎起来"，三下五除二地帮孩子穿好了衣服。

情景二：

餐桌上，母亲很快吃完了早餐，看见对面的孩子正用笨拙的手自顾自地吃着，由于拿餐具的手还不是很熟练，以至于早餐还没吃完三分之一。母亲看了看时间，走到孩子的身边，快速给孩子喂饭。

情景三：

傍晚，母亲发现孩子正在思考一道很简单的数学题，"这么简单的题都不会吗？你看是不是用这个知识点……"母亲开始指导孩子学习。

以上情景是大多数父母的真实写照。父母喜欢用自己的生活节奏要求孩子，因而对孩子总是缺乏耐心，常常因为孩子动作慢而催促孩子，甚至自己动手帮孩子做完孩子该做的事。

这种做法无异于揠苗助长，孩子的成长是一个循序渐进的过程，若少了孩子自我探索、完成的过程，孩子便无法收获该有的能力，日后孩子也会变得急躁，进而无法专注地投入到一件事情中。

所以，父母需要遵循孩子的成长规律，把自己伸长的手收回来，让孩子耐心地把一件事情做完。在这一过程中，父母应尽量给孩子充足的时间。例如，孩子早上起床穿衣服慢，可以让孩子提前一点起床；出门慢，可以提前告知孩子准备。

正如中国台湾作家龙应台在《孩子你慢慢来》一诗中写道："我，坐在斜阳浅照的石阶上，望着这个眼睛清亮的小孩专心地做一件事：是的，我愿意等上一辈子的时间，让他从从容容地把这个蝴蝶节扎好，用他五岁的手指。孩子，慢慢来，慢慢来……"

三、从孩子感兴趣的事引导他专注

俗话说，"兴趣是最好的老师"，父母可以从孩子感兴趣的那件事开始培养孩子的注意力。

从孩子感兴趣的那件事开始引导他专注，不仅要求父母首先要善于发现孩子感兴趣的事物，同时还要敢于放手，让孩子做他想要做的事情，并给予正确引导。

父母在发现孩子感兴趣的事物后，具体应该如何引导孩子呢？

在一档亲子节目中，一位母亲的做法值得所有父母学习。

5岁的儿子提议要给母亲做好喝的果汁，对此，母亲并没有因为孩子年纪小而阻拦他，也没有立刻帮孩子做，而是充分给予孩子展示的机会，告诉孩子"你做吧"。

孩子的尝试并不是一帆风顺的，原来在孩子的眼里，果汁的制作就是直接将水果丢到杯子里。这时，母亲开始引导孩子："但它没有成为果汁呀，你怎么将它弄成果汁呢？"收到母亲抛出的问题后，孩子开始思考，不一会，孩子说："一加水就可以变成汁了呀。"显然，这是一个错误答案，但母亲并没有立刻纠正他，而是陪孩子一起试错。孩子很快发现了自己的想法是错误的，于是他继续思考，又得出了结论："我觉得还需要搅拌一下。"并且自信地说道："我敢肯定，这个可以。"

但喝了自己做的果汁之后，孩子发现果汁的味道并不是自己想象的样子，竟然一点味道都没有，母亲却调皮地说道："这明明很好喝嘛。"这时孩子疑惑起来，到底是哪里出了问题呢？于是孩子决定将自己难喝的果汁和母亲好喝的果汁混合起来，在这一过程中，母亲依然十分配合。在孩子尝试完所有方法之后，母亲询问了孩子一个问题："你知道这世界上有一种东西叫榨汁机吗？"

这位母亲的做法告诉我们，当孩子对某件事情感兴趣时，父母不要轻易打断或否定，而是大胆放手让孩子去做；在孩子尝试的过程中，不要急急忙忙把正确答案告诉他，孩子自己思考出来的东西会更牢靠；在孩子试错的过程中，只要不威胁到他的安全和健康，父母不要立刻指正，完全可以让孩子按照自己的意愿去行动。因为探索、尝试是孩子最好的学习方式，是培养孩子注意力的关键过程。

> **练一练：**在培养孩子的过程中，父母应该如何避免急躁的做法？请根据实际情况列出有针对性的措施，并认真执行。

想提升注意力，还需重点攻克"难题"

如果将保护、培养孩子的注意力视为打基础，那么逐个击破、拆解孩子无法集中注意力的难题则相当于拔高。在夯实基础的前提下，牵好"牛鼻子"㊀、重点突破，才能为提高孩子的注意力交上一份满意的答卷。

生活中，孩子"做事拖拖拉拉，1小时的作业，3小时都无法完成""丢三落四，不是找不到这个，就是找不到那个""一玩游戏就来劲，一学习就打蔫"，这些都是需

㊀ 牛鼻子：比喻事物的要害或关键。

| 第7章　决定孩子成绩的，不是智商而是注意力

要重点攻克的难题。

一、"聚焦"孩子做事拖拉

做事拖拉，效率低下，是孩子注意力不集中的重要表现。要解决这一问题，父母需要引导孩子自己制订相应的学习计划，并使用时间管理工具，提高学习效率。

父母引导孩子制订相应的学习计划，让其学会给重要且紧急的学习任务"加急"，对于那些急需完成的学习任务一目了然，这样会让孩子的学习目标更加清晰，同时增强紧迫感，注意力会有意识地集中。

在这一过程中，父母可以引导孩子使用相应的工具，如利用番茄工作法。表7-2为番茄工作法的具体使用步骤。

表7-2　番茄工作法的具体步骤

1	列出待完成项目的清单
2	设定你的番茄钟（定时器、闹钟等），通常时间为25分钟
3	开始执行第一项任务，直到番茄钟响铃或提醒
4	停止工作，适当休息3~5分钟
5	开始下一个番茄钟，继续该任务。一直循环下去，直到完成该任务，并在列表里将该任务划掉
6	每四个番茄钟后，休息25分钟

在以上步骤中，第二个步骤是非常重要的，它比较灵活，需要根据自身情况而定，其中有两点需要注意。

第一，根据列出的待完成的项目清单，父母需要引导孩子合理设定番茄钟个数。当待完成的清单出现后，其实需要完成的"番茄钟"就是相对固定的，因为完成所有项目清单需要花费的时间，以及每个番茄钟的时间都是确定的。注意，要合理安排可以利用的时间和适当休息的时间。

第二，因为每个孩子进入状态和持续时间各不相同，所以父母需要根据平时对孩子的了解和观察，引导孩子制订最符合自己的番茄钟。例如，有的孩子的番茄钟时间可以为30分钟，有的孩子则只能集中20分钟。

对于如何利用番茄工作法，可以总结为四点：制订学习规划，合理分配番茄钟，在对的时间专注做一件事情，在精力最好的时候做最困难的事。

利用番茄工作法最基本的原则便是持之以恒。孩子坚持完成好每一个番茄钟，就会更加专注，学习状态也会越好。

二、改变孩子丢三落四的习惯

"丢三落四,找不到这个,找不到那个",也是孩子注意力不集中的表现。当孩子没有用心做一件事情,摸摸这个,碰碰那个,做事有头无尾,过程不完整时,他便不会记得将物品放在何处。

而父母引导孩子进行归纳整理,便可以有效解决孩子的这一问题。

孩子进行归纳整理,实则是一种沉浸式学习。在归纳整理时,需要孩子动用所有感官进行协调配合,一边独立思考,手里还要配合归位整理。这个办法既能提高孩子的注意力,也能培养孩子的统筹能力。

父母在引导孩子进行归纳整理时,始终要做到以孩子为主导,具体需要做到以下三点。

1. 引导孩子整理自己的物品

父母应该引导孩子整理自己的物品,如孩子的书包、文具盒、书桌、书籍、衣物等。这些与孩子生活息息相关的物品会更加吸引孩子,让孩子对自己的物品有相对充分的了解。

2. 依据经常使用性原则,让孩子为自己的物品排序

以孩子为主导,依据经常使用性原则,让孩子为自己的物品排序,将自己最常用的物品放在自己认为最好取得且最重要的位置。同时,可以选择使用相应的工具,如收纳盒、标签等。

在这个过程中,父母同样要让孩子学会独立思考。非常重要的是,整理并不是一股脑塞进去,父母要引导孩子进行分类。

3. 培养孩子养成物归原位的习惯

完成整理后,父母需要在生活中培养孩子养成物归原位的习惯。例如使用完文具,将文具归位;玩完玩具,将玩具归位。这样,孩子做事才会有始有终,不会有头无尾。

三、制胜"一玩游戏就来劲,一学习就打蔫"

"为什么孩子打游戏可以那么专注、痴迷,可以不用睡觉,也不用喝水,甚至不用吃饭,但一学习就打蔫?要是他们能将打游戏的劲放在学习上,那该有多好。"

这是父母经常抱怨却又无法解决的问题。

其实,父母要想孩子改变这种状态,首先要弄清楚背后的原理。

很多父母常常将孩子打游戏与学习完全对立。实则不然,无论是打游戏还是学

习，从本质上来说，都是在不断面对困难、解决困难、收获能力、获得赞赏、证明自我。但为何两者本质相同，而孩子对待游戏与学习的态度却判若云泥呢？

最主要的原因在于孩子在游戏中更能获得即时满足。

游戏会把目标分成小块，让孩子通过做任务的方式将其逐一击破，同时获得相应的奖赏，得到即时满足；而学习则是一个长线过程，孩子在学习过程中常常得不到即时反馈。游戏里任务完成，经验值立刻上涨，而花费同样的时间记忆10个单词或做对10道练习题却无任何成就感。

游戏的设计也为父母引导孩子学习提供了相应的借鉴：将学习目标划分为小块、让孩子获得即时满足。

同样，父母也可以利用相关工具引导孩子，如成就商店法。

成就商店法借鉴了游戏的模式，将个人日常的行为转化为任务与欲望，通过完成任务，积累分值，当分值达到一定值后，便可以用分值来兑换愿望。成就商店法共分为两个步骤，第一步是设置任务并赋分，第二步是设置愿望并赋分。

1. 设置任务

任务是加分项，指待完成的任务，如背诵英语单词、做试卷、整理房间、晨跑等。父母根据孩子的实际情况设定任务，并对其赋分。任务分值范围可选择1~10分，分值大小可以根据自认为实施的难易程度进行确定。简言之，孩子完成该项任务时需要花费的时间、精力越多，分值就越高。通常情况下，每天都必须进行的习惯任务，可以赋1~2分；一般难度的任务，可以赋3~5分；高难度任务，可以赋6分以上。

2. 设置愿望

愿望是减分项，如看电视、玩游戏、玩手机等。对愿望赋分则是以该项愿望花费孩子的时间、成本为依据，耗费的时间、成本越大，分值越大。

当孩子完成多项任务，累计分数达到一定值时，便可以允许孩子实现分值范围内的某一项愿望。

通常建议小愿望的分值是高任务分值的2倍以上。例如，孩子想看半小时电视，那么可以设置看半小时电视扣18分。

孩子通过完成任务正向积累分数，再通过达成愿望负向消耗分数，这种做法能让孩子更加重视学习。

练一练： 父母尝试引导孩子利用"番茄工作法""成就商店法"等工具进行学习。

作者：庄梓夏（六六） 7岁

第8章

让孩子能记得快、记得准、记得久

英国著名哲学家培根说过:"一切知识的获得都是记忆,记忆是一切智力活动的基础。"众所周知,记忆力在孩子的学习过程中起着举足轻重的作用。很多父母认为,记忆力是天生的,但事实表明,很多记忆超群的人,并非都是天赋异禀,记忆力也可以通过后天训练得到提升。

了解孩子的大脑

"昨天刚写过的单词,怎么今天又不会了呢?"

"课文都读了十多遍了,怎么还是背不下来?"

"孩子的记忆力太差,课堂上刚学过的知识,课后就忘了;明明都学过解题方法,但考试的时候就是怎么都想不起来。"

对于以上场景,父母再熟悉不过。记忆力差的孩子总是记不住看过的书与学过的知识,经常重复"背了忘、忘了背"的过程,不但父母感到着急,孩子自己也容易对学习失去兴趣。

要想提高孩子的记忆力,父母应该先了解孩子的大脑,正确认识大脑的记忆活动。

一、洞察孩子的记忆路径

孩子的记忆路径在大脑中是如何形成的?简言之,记忆路径在大脑中的形成主要包含三个步骤:编码、存储、提取。

1. 编码

编码是指信息被接收、加工和整合的过程。孩子在被外界信息刺激后,会对信息进行选择、加工和整合,编码的过程也是在为之后的记忆提取做标记。

举个简单的例子,当我们看到一个女孩并被她大大的眼睛所吸引时,这便是记忆编码的过程。我们被外界信息刺激,选择性地注意到了她的大眼睛,由此给对方贴上了对应的"标签"。

2. 存储

存储是指对所编码的信息进行记录和保存。保存的时间可长可短,即形成所谓的短时记忆与长时记忆。

短时记忆维持的时间很短,通常为几秒至几分钟;长时记忆却能够保存很长时间,达到"过目不忘"的效果。它们既相互独立又相互连贯,短时记忆经过不断复习便可以转换成长时记忆,这也解释了复习对于记忆的重要性。

同时,科学研究表明,短时记忆的形成通常以听觉刺激为主,而长时记忆则是视觉、声音、味觉、触觉等共同作用的结果,这也为父母帮助孩子提升记忆力提供了方向。

3. 提取

提取是指对记忆中已经存储的信息进行调取，它是一种能力的体现，很多记忆其实已经存在于孩子的脑海之中，之所以回忆不起来，可能是因为孩子调取信息的能力出现了障碍。

从编码到提取的整个记忆路径来看，每个步骤既分工明确，又环环相扣。每个步骤都会影响最终的记忆效果，若记忆内容不具备较高的"辨识度"，便会影响大脑对记忆内容编码和存储，而最终记忆内容被提取时也会出现障碍，整个记忆路径都是不通畅的。

二、探索孩子大脑的记忆规律

了解了记忆路径的形成过程，父母还需正确认识孩子大脑的记忆规律，每一个大脑都有属于自己的记忆规律。

1. 右脑记忆比左脑记忆更深刻

研究表明，孩子的左脑和右脑在进行记忆时有着明确的分工和各自的特点。

孩子的左脑在记忆过程中被称为"抽象脑""学术脑"，偏向于用逻辑思维与语言进行推理、分析和思考；而右脑在这一过程中被称为"艺术脑""创造脑"，侧重于通过音乐、图像、情感和创造进行思考。换句话来说，左脑偏向于死记硬背、机械记忆，右脑偏向于更具有创造性的联想记忆。

诚如日本教育学博士七田真所言："左脑记忆是一种'劣质记忆'，不管记住什么很快就忘记了。右脑记忆则让人惊叹，它有'过目不忘的本事'。"但遗憾的是，大多数父母对于孩子的成长教育更侧重于左脑的开发，忽视了右脑的巨大潜能。

2. 记忆也是遗忘的开始

遗忘本就是一种自然现象，德国心理学家艾宾浩斯通过研究发现了记忆与遗忘之间的关系，并用"艾宾浩斯遗忘曲线"形象、直观地揭示了大脑对新事物的遗忘规律。"艾宾浩斯遗忘曲线"主要具备以下两点规律。

（1）遗忘速度先快后慢

艾宾浩斯遗忘曲线中各个时间节点的记忆留存率，见表8-1。

表 8-1　艾宾浩斯遗忘曲线中各时间节点的记忆留存率

时间	记忆留存率（%）
20 分钟	58
1 小时	44
9 小时	36
1 天	33
2 天	28
6 天	25
31 天	21

大脑遗忘从学习之后立刻开始，遗忘速度在刚学习完时最快。但大脑的遗忘速度并不是一成不变的，随着时间的推移，遗忘速度会逐渐减缓。

通常来说，孩子学习后，若不及时复习，其所学知识的记忆在第 6 天时便只剩下 25% 左右，在一个月时便只剩下 21% 左右。

大脑遗忘速度先快后慢的规律告诉父母：孩子学习后越早复习，越有利于记住更多所学的内容。

（2）不同的记忆内容有不同的遗忘曲线

同样，艾宾浩斯经过相关研究还发现，不同的记忆内容有不同的遗忘曲线，如图 8-1 所示。

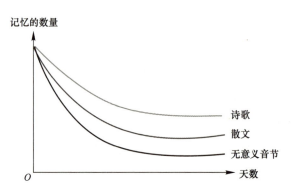

图 8-1　艾宾浩斯关于不同记忆内容的遗忘曲线

根据以上不同记忆内容的遗忘曲线可知，相同时间下，大脑对于无任何意义音节的遗忘速度最快，记忆留存最少，散文次之，而对于诗歌的遗忘速度最慢，记忆留存最多。

| 第8章 让孩子能记得快、记得准、记得久

这启示父母，越易于理解的内容，孩子越容易记忆，且它们在孩子脑海中的留存会更加牢固、长久。

三、衡量好记性的三个指标

在《最强大脑》某期"挑战惊人的记忆力"的环节中，"德国天才"与"记忆大师"在节目现场几乎瞬间便记住了错综复杂的航班信息，让人叹为观止。此次挑战的高难度在于航班信息容量大，记忆时间却极少，挑战者需要在短时间内迅速获取、整理并准确记忆这些信息。

这些"天才"自然离我们很遥远，但我们身边也不乏记忆力好的孩子：文言文看两三遍就会背诵；清晰地记得所读名著中的细节，能像说评书一般与他人头头是道地交谈……在他们身上，似乎只要是自己看过的书和学过的知识，便无论何时都清晰地记得，仿佛拥有过目不忘的能力，令人心生羡慕。

这些拥有好记忆力的孩子都有三个共同的特点：记得快、记得准、记得久。这也是我们衡量好记忆力的三个重要指标。

1. 记得快

记得快是指记忆速度快。对孩子而言，记忆速度很重要，因为它影响着孩子的学习效率。同样数量的英文单词，同样篇幅的重点知识，很多孩子在 20 分钟之内就能完成全部记忆，而有的孩子却需要花费两天、两周甚至更长的时间完成，甚至部分孩子最终依然记不住。所以，记忆力好的孩子在相同的时间里总能比记忆力差的孩子收获更多的知识，效率更高，他们也自然学得更加轻松。

2. 记得准

记得准度尤为关键，它是记忆速度的前提。若孩子的记忆缺乏准确度，即使记忆速度再快，也失去了记忆的意义。尤其是针对学习而言，孩子记忆知识的准确度越高，正确率也会越高。

3. 记得久

记忆的持久度同样重要。学习是一个长线的过程，如果今天记忆的知识，当时记得又快有准确，但没多久便忘记了，也会让学习的效果大打折扣。

所以，衡量孩子是否拥有好记性，要看孩子是否记得快、记得准、记得久，这三个指标缺一不可，这也为父母帮助孩子提升记忆力提供了思路。

四、发掘影响记忆力的因素

正确认识影响记忆力的因素,能让父母帮助孩子规避影响记忆的消极项,有效提升孩子的记忆力。影响记忆力的因素有很多,排除无法改变的客观因素以外,父母需要关注以下两点。

1. 对记忆内容的感知程度

孩子对事物的感知程度会影响他的记忆。通常来说,孩子对于一些感动、搞笑、悲伤、恐怖场景的印象会更加深刻。主要是因为在这些时刻,孩子调动了多种感官,将所看到、听到的事物与自己经历过的事物或熟悉的事物建立了联系,产生了联想,甚至有了画面感,此时充分发挥了右脑记忆,因此最终记忆也会更加深刻。

从反面来说,一个对记忆内容感知程度不强的人,就好像一个高度近视的人摘下眼镜看风景,他看到的事物都是模糊的,更谈不上发现事物之间的特点、感受其中的美了,所以最终也无法对此形成深刻的记忆。

而利用大脑的记忆路径来解释,对记忆内容感知不强的人在对信息进行编码时,没有比较清晰的分类,在回忆时也无法调取与之相关的特点,调取的过程会出现障碍,也就是说回忆便比较难,因此记忆力会差。

2. 兴奋程度

孩子的记忆会受到兴奋程度的影响。

科学研究表明,孩子在保持适当兴奋的情况下,能保持比较好的思维状态,进而有利于提高其记忆力。

但当孩子处于极度兴奋的情况下时,关注点又会变得狭窄,反而不利于记忆。也就是说,一些负面情绪所产生的兴奋感,如过度担忧、紧张、害怕、恐惧等,不但没有提高记忆力的效果,反而会影响孩子的正常发挥水平。例如,很多孩子在考试时过度紧张,导致大脑一片空白。

影响记忆力的两大因素及原理解释,为提高孩子的记忆力水平指明了方向。概括而言,就是要在保持孩子良好的情绪状态下,多引导他调动多维感官进行记忆。

> **思考:** 以上内容给你最大的启发是什么?

记忆力提升要点：教孩子控制自己的记忆活动

基于对孩子大脑记忆活动的了解，我们知道，孩子之所以记不住知识，或记住之后很快忘记，是因为孩子在记忆的过程中忽视了对信息的感知，没有掌握正确的记忆方法，在此基础上做了不正确的重复。

其实，提升记忆力的方法很简单，孩子只需把握其中的要领，即在记忆过程中投入情感、生成画面、创造联想、及时复习即可。

一、投入情感

著名作家三毛的经典语录里有这样一句话："锁上我的记忆，锁上我的忧伤，不再想你。"

无论是在文人墨客的作品里，还是在寻常百姓的经历中，一段深刻的记忆总是与某种情感有着紧密的联系，或独孤、或甜蜜、或忧伤、或美好，带有情绪的记忆色彩总是那么鲜明、气息浓烈。正如一位歌手所说："有些歌是一辈子不会忘记的，在录音时，也同时记录了所发生的事情和感受，像写日记一样，久久再重新翻唱它，再用心唱它时，那些记忆的画面依然在。"

这也告诉父母，投入情感是记忆的基础，要想让孩子记得住，引导孩子投入情感是第一步，也是关键一步。

情感具体是如何影响记忆的呢？

投入情感的记忆过程实则是充分调动自我感知的过程。

首先，投入情感是集中注意力、主动注意的一个过程。当孩子注意力涣散时，脑海中并没有真正记忆，因而更有可能会记错或忘记某件事情。而投入情感时，孩子会有意识地注意一些事，此时会让大脑在适当的兴奋值下开启记忆活动，便能提高记忆效率。

其次，投入情感的记忆调动了多种感官，是一种体验式的记忆过程。孩子在投入情感的过程中，不仅单纯依靠视觉、听觉等感官进行机械化记忆，还会调动与之相关的情感记忆，产生联想，这样就好比孩子亲身经历了一番，记忆会更加深刻。

孩子有参与、全身心的感受，才会让记忆更加深刻。

二、生成画面

为何孩子通常对动画片、绘本等带有图片的信息记忆得更加深刻？

那是因为，大脑"活"在图像之中，孩子的大脑更加"偏爱"形象化和有画面感的事物，这也是基于大脑的记忆规律而来的。

通常，当孩子念念有词的时候，大脑一刻也没有闲着，嘴巴一边读，大脑一边生成画面。若孩子只是单纯机械地读、死记硬背，没有有意将语言文字生成画面、转换成图像，那么大脑就会想象其他与记忆内容无关的图像。

大脑想象的其他图像，基本上是孩子喜好和感兴趣的事物。

例如，孩子一边背诵课文、记忆单词时，一边想象好吃的食物或好玩的画面，这便是我们常说的走神，在这种状态下，孩子的记忆效率低下。

所以，当孩子在记忆时，父母可以引导孩子刻意想象与之相关的画面，充分发挥右脑超强的图像记忆能力，就能大大提高记忆的效率。

三、创造联想

什么是创造联想？

创造联想是指孩子在记忆时，充分发挥想象力，利用自己熟悉或感兴趣的事物与记忆内容产生联系。

举个简单的例子。

"你还记得意大利的地图形状吗？"

"记得，像一只靴子。"

孩子将意大利的地图形状想象成靴子，实则就是在创造联想。

同样，孩子创造联想时还会发现，匈牙利的地图形状像土豆，俄罗斯的地图形状像便便猪，挪威的地图形状像蝌蚪……经过联想处理后，孩子会更容易，也会更久地记住这些地图。

为何经过创造联想处理后的内容，能让孩子快速形成深刻的记忆？

那是由创造联想的过程本身所决定的。

在生活中，孩子之所以记不住一些知识内容，实则是因为孩子进入了陌生或枯燥的知识领域。试想，孩子对于日常生活中所熟悉或感兴趣的事物，根本无需刻意记忆，记不住的内容大多则是生涩的文言文、枯燥的单词、数学公式、复杂的地理知识等。

而创造联想可以很好地解决了孩子记忆陌生或枯燥知识领域时遇到的问题。

形象地说，创造联想就是搭起一座记忆的桥梁。创造联想通过搭桥、连接的方式将陌生、枯燥的知识与自己所熟悉或感兴趣的事物连接起来，这样很多陌生、枯燥的学习内容就会变得熟悉、有趣，进而节省了记忆时间，并强化了记忆。

四、及时复习

复习是一个"古老"而实用的技巧。

孔子曰："学而时习之，不亦说乎。"这句话告诉我们复习的重要性。

但在学习的过程中，很多孩子能做到高效记忆，却不愿意复习。这一方面源于孩子没有正确认识记忆规律，对于自身记忆力过度自信，另一方面则是因为传统复习方法本身的枯燥无味，无法激起孩子复习的欲望。

遗忘是自然规律，父母在帮助孩子认识复习的重要性时，更重要的是帮助孩子提升复习技巧。

1. 复习要及时

艾宾浩斯遗忘曲线揭示了人类遗忘的速度，启示父母，孩子要及时复习。通常当天学习完的知识，当天内复习效果最佳。

2. 复习讲求综合分析

很多孩子将复习当成简单、机械地重复记忆，依葫芦画瓢，老师讲什么内容，书本上写哪些内容，就简单地读、背相关的内容，这种复习方法显然无法达到复习效果。

"温故而知新"，这句话要求孩子在复习时应该多思考，尽可能将复习的知识内容进行综合分析，与之前所学的内容结合起来，进行对比，找出类似点与差异点。同时，孩子在复习比较抽象的知识内容时，应善于将其形象化、贴切化，这样会进一步加深理解，形成牢固的记忆。

> 思考：在孩子学习的过程中，父母应该如何运用这些要点提高孩子的注意力？

记忆力提升方法：对孩子进行记忆力训练

荷兰 Radboud 医学大学 Martin Dresler 博士说："记忆力是一种可以被训练的能力，就算你一开始的记忆力很糟也没有关系，但是绝对不是随便乱记，而是需要有策略跟战略。"

掌握了记忆力提升的几大要领，科学的记忆方法也随之而来，孩子利用科学的记忆方法，做刻意练习，便可以记得住、记得准、记得久。从此，对知识的记忆也不再成为孩子学习中的难题。

一、故事联想法

故事联想法是指将相关或不相关的信息联想成故事，进而帮助记忆，因为大脑对于故事情节的记忆远比单纯的书本知识要牢固得多。

案例一：

有些文言文具有故事性脉络，在记忆时便可以直接采用故事联想法。

例如，下面是白居易《琵琶行》中节选的文字：

忽闻水上琵琶声，主人忘归客不发。寻声暗问弹者谁？琵琶声停欲语迟。移船相近邀相见，添酒回灯重开宴。千呼万唤始出来，犹抱琵琶半遮面。

可以采用故事联想法记忆以上节选片段：

一天，我与好友在游船上玩耍，忽然被一阵琵琶声吸引，听得出神，以至于忘了回家。循着琵琶声去探问弹琵琶是何人，琵琶声停了许久，却迟迟没有动静。我们移船靠近后，邀请她出来相见，叫下人添酒回灯重新摆起酒宴，千呼万唤之后，她才缓缓地走出来，怀里还抱着琵琶半遮着脸面。

案例二：

孩子在学习的过程中还会记忆很多互不相关的信息，采用故事联想法时，孩子需要发挥自身的想象力将各个信息组合，编成一个个故事。

例如，需要记忆的内容为：鸽子、青蛙、钥匙、盒子、小手、石子。

可以这样联想故事：一只"白鸽"飞到了绿色的草地上，它看到近处有一只"青蛙"拿着"钥匙"正在打开一个"盒子"。盒子里装的是什么？原来是"小石子"。正

| 第8章　让孩子能记得快、记得准、记得久

当鸽子满脑疑惑时，它发现青蛙背后出现了一只"小手"……

孩子在联想故事时，需要尽量让事物处于动态的过程中，因为动态的事物通常能让大脑处于更加活跃的状态中，对加深记忆有帮助；在编故事时，不需要过于追求完美，只需关注事物间的联系，方便记忆即可。

二、图像联想法

图像联想法就是让孩子发挥自己的想象力，将枯燥的文字信息转变为生动的画面。

案例一：

《少年闰土》课文中有这样一段文字。

"深蓝的天空中挂着一轮金黄的圆月，下面是海边的沙地，都种着一望无际的碧绿的西瓜。其间有一个十一二岁的少年，项带银圈，手捏一柄钢叉，向一匹猹尽力地刺去。那猹却将身一扭，反从他的胯下逃走了。"

很多孩子都反映，这段文字虽然看起来没有生僻字，却很难记忆。

但孩子若利用图像联想法将对应的文字信息图像化，会发现几乎不用刻意记忆，就能复述出上段节选内容。

案例二：

用图像联想法记忆朱自清的《春》中的节选部分。

"桃树、杏树、梨树，你不让我，我不让你，都开满了花赶趟儿。红的像火，粉的像霞，白的像雪。花里带着甜味儿；闭了眼，树上仿佛已经满是桃儿、杏儿、梨儿。花下成千成百的蜜蜂嗡嗡地闹着，大小的蝴蝶飞来飞去。"

孩子采用图像联想法记忆这段文字时，在脑海中生成相应的画面，有花朵、蜜蜂、蝴蝶，也可以感受各种花的色彩和空气中的甜味，让看似干瘪的文字立刻活泼、生动起来，产生了美感，于是记忆也变得更加深刻、牢固。

案例三：

记忆"菊花"的英文单词"chrysanthemum"。

这个单词比较长，若根据拼写来记，很容易记错，也记不牢。这时若采用图像联

想法记忆，我们便能发现其惊人的效果。

可以将这个单词拆分成4个部分，"chry"+"san"+"the"+"mum"。Chry 可以分为 cry（哭）与 h，h 像椅子；san 可以联想到 sun（太阳）；the+mum 可以联想到母亲。这样可以联想的画面便是"烈日下，一位母亲坐在椅子上哭泣，手里捧着菊花"。

图像联想法的核心便是将原本复杂、抽象的文字信息转化成多个生动的图像，并将其联系起来，使其场景化、生动化，进而达到长期记忆的效果。

孩子在利用图像联想法时，要尽量刻画细节部分，菊花的颜色、鲜艳程度等，尽量将其具体化，形象化，就仿佛此刻它们就在我们眼前一样，这样才能达到记忆的效果。

三、谐音记忆法

谐音记忆法实则是利用谐音创建联想，以达到记忆相关内容的目的。

对于一些毫无规律的历史事件及其发生年份，可以采用谐音记忆法来记忆。

案例一：

例如，唐朝的建立是618年。

618可以谐音"留一把"，便可以据此产生联想，"唐朝建立时分给了老百姓一些糖，一些老祖宗留了一把"。

案例二：

又比如，安史之乱发生在755年。

755谐音"气鼓鼓"，便可以联想为"安禄山等人的叛乱把皇帝弄得气鼓鼓"。

谐音联想法也可以用于记忆英语单词。

案例三：

例如：救护车的英文单词为"Ambulance"谐音"俺不能死"，则表示救护生命的工具。害虫的英文单词"pest"谐音"拍死它"，意思为害虫，令人讨厌的事物。

| 第8章 让孩子能记得快、记得准、记得久

很多父母也许会对谐音记忆法存在偏见，认为孩子利用规律或通过自然记忆的方法才是正统的。但值得父母注意的是，并不是所有记忆内容都有规律可循，并且随着孩子学习任务的增加，需要记忆的内容会越来越多，而谐音记忆法不仅能提高孩子的记忆效率，减轻记忆难度，还能提升孩子的思维能力和想象能力，因此父母应该首先从观念上摒弃对谐音记忆法的偏见。

谐音记忆法的运用并没有一定之规，父母在引导孩子时，需要注意让孩子自己充分发挥想象，展开联想。孩子只有将知识与自己所熟悉或感兴趣的事物连接起来，谐音记忆法才能发挥出最大的效果。

四、分类记忆法

分类记忆是按照记忆材料的性质、特点、价值等进行分类后记忆的方法。

分类记忆不是指简单地根据类别进行划分，而是在对记忆对象综合分析的基础上进行的，因而它可以帮助孩子寻找材料间的区别与联系，使记忆条理化，强化记忆效果。

案例：

记忆内容：猫、围巾、狗、台灯、桌子、衣柜、眼镜、鹦鹉、鞋子和项链。

如果让孩子强记硬背上述内容，可能会花费很多时间，记忆效果也不一定好，即使记住了，也会很快忘记，这时便可以让孩子尝试将以上物品分类。

动物类：猫、狗、鹦鹉。

穿戴物品类：围巾、眼镜、鞋子和项链。

家具摆设类：台灯、桌子、衣柜。

将以上物品分类后，便会发现更容易记忆了。

在记忆古诗词时，也可以采用分类记忆法，例如将描写四季的诗词分类记忆；在记忆英语单词时，也可以根据词性进行分类记忆，如按照动词、形容词、名词，其中名词又可以分为水果、动物、人物、植物等。

分类的过程实则就是理解的过程，本身就已经具有记忆的功能，孩子对知识进行分类时，实则就已经在强化记忆了。

五、歌谣记忆法

歌谣记忆法是指将所需记忆的内容编成顺口溜或押韵的词句进行记忆，进而增强记忆内容的趣味性，方便孩子朗诵和记忆的方法。

学科中很多知识，都可以采用歌谣法记忆。

案例一：

用歌谣法记忆数学中常用的解一元一次方程。

"先去分母再括号，移项变号要记牢；

同类各项去合并，系数化1还没好；

求得未知需检验，回带值等才算好。"

朗朗上口的几句话，交代了解一元一次方程的过程和要点，使孩子在趣味中学习，无形之中加深了记忆。

案例二：

英语学科中，一些老师将接不定式做宾语的动词串成了歌谣。

"三个希望两答应：hope, wish, want, agree, promise；

两个要求莫拒绝：demand, ask, refuse；

设法学会做决定：manage, learn, decide；

不要假装在选择：pretend, choose."

父母在引导孩子编制歌谣时，需要以记忆内容为主，反映最基本的内容；同时要符合孩子的记忆特点，歌谣本身要简洁、自然、朗朗上口。

同样，父母在引导孩子利用歌谣进行记忆时，要抓住材料本身的特征，与歌谣相结合，让孩子理解对应的关系，才能达到效果。

六、概括记忆法

人的记忆力潜能巨大，但也并非能将所看到的、所听到的所有内容完全记忆，这本来就不是科学的，必须有所弱化，才能有所强化。

第8章 让孩子能记得快、记得准、记得久

概括记忆法就是提取记忆材料的关键内容，高度浓缩，提高记忆效率。

概括记忆法与前面列举的记忆法有所不同，它需要掌握两大要点。

1. 缩略用词

缩略用词就是指将一些比较长的词语、名称、地点、概念进行简化和省略。

例如，对于北美五大湖苏必利尔湖、密歇根湖、休伦湖、安大略湖、伊利湖的记忆，便可以直接简记为"苏、密、休、安、伊"，不同湖的顺序或位置可以根据自己的习惯调换。

同样，对于政治学科中一些比较长的概念，也可以采用这种方法记忆。

2. 高度凝练内容

记忆的材料通常纷繁复杂，此时可以抽取关键词，用关键词概括所有内容，将这些关键词视为记忆的线索。当记忆每一个关键词时，相应的材料内容便开始再现。

以上两种方法既可以单独使用，也可以联合使用。

七、列表记忆法

列表记忆是将相关的材料进行对比或对照，从而记忆其特点和材料之间的联系的记忆方法。

表 8-2 为相关地理知识的表格整理。

表 8-2 相关地理知识的表格整理

温度带	景观	土壤	农作物	耕作制度
寒温带 中温带	针叶林、针阔混交林	肥沃黑土	春小麦、大豆、甜菜	一年一熟
暖温带	落叶阔叶林	黄土广布	冬小麦、棉花、花生	一年两熟或两年三熟（旱地）
亚热带	常绿落叶林	贫瘠红壤	水稻、油菜	一年两熟到三熟（水田）
热带	季雨林	砖红壤	水稻和热带经济作物	一年三熟

列表的主要步骤，如表 8-3 所示。

表 8-3 列表的主要步骤

主要步骤	具体内容
1	首先根据记忆的需要对材料进行分类，看其适合编制哪种类型的图表
2	查找和归纳材料的主要特征、特点，比较不同材料的异同点
3	按不同类型表格的规格和形式编制表格
4	逐一把材料的主要内容填到表中

列表记忆法的主要特点是条例清楚、一目了然。

这个方法是将事物提纲挈领地列出来，不仅能清晰、有条理地显示记忆内容的特点，还便于孩子进行对比分析，进而加强理解和记忆。

列表记忆法对提升孩子记忆力的作用体现在两个过程中，即记忆的存储和提取环节。也就是说，利用列表记忆时，孩子无需刻意死记硬背，通常孩子用心地完成一张表格，相应的知识已经深深地印刻在了孩子的脑海中。它能帮助孩子恰当存储记忆，最终也便于记忆的提取。

八、思维导图法

思维导图法就是抽取大段文字的骨干，运用图文并重的技巧，将各级主题层级画出来，用框架和主题词连接记忆。

因此，思维导图法具有较强的直观性、概括性和逻辑性。也正是基于这些特点，孩子使用思维导图法记忆时会更加直观、形象，同时其化繁为简的特点也减轻了孩子的记忆负担，让孩子能把握全文的脉络，形成高效、永久的记忆。

绘制思维导图需要掌握两个步骤，即分析材料内容、绘制思维导图。

1. 分析材料内容

孩子在绘制思维导图时，首先要对所识记的材料内容有一个了解，分析行文的脉络。

一般行文脉络有：是什么、为什么、怎么办或原因、意义、影响、对策等，与之对应，孩子需要分析记忆内容的结构，比如总分总、分总分等。孩子可以采用利用关联词、划分段落的形式快速掌握行文脉络。

其次，在划分段落的基础上，写出段落大意，提取各部分的关键词，进一步明确各级主题之间的关系，如并列、隶属等。

2. 绘制思维导图

分析材料内容之后，根据确定的中心思想和各级之间的关系绘制思维导图，由中心向四周发散，将主要分支和二级分级连接起来，依此类推，连接的过程实则也是记忆的过程。

在绘制的过程中，不同关键词、不同层级之间可以用不同颜色的笔去画图，这样不但能让大脑兴奋起来，还能直观地突出层次，加深记忆。

| 第8章 让孩子能记得快、记得准、记得久

绘制完思维导图之后，孩子便可以根据框架记忆，一边记忆框架层级、关键词，一边往每一个层级里填充省略的内容，逐渐丰富记忆内容。

孩子可以将记忆内容想象成一棵枝繁叶茂的大树，内容的中心思想就是树干，其他各大板块的内容是枝干。利用思维导图法记忆的过程就是化繁为简再到"枝繁叶茂"的过程。

思维导图法对孩子的逻辑能力要求较高，长期使用思维导图法记忆，不但能让孩子记得久，也能锻炼孩子的逻辑思维能力。

练一练：选择最利于孩子的记忆方法，引导孩子进行记忆力提升训练。

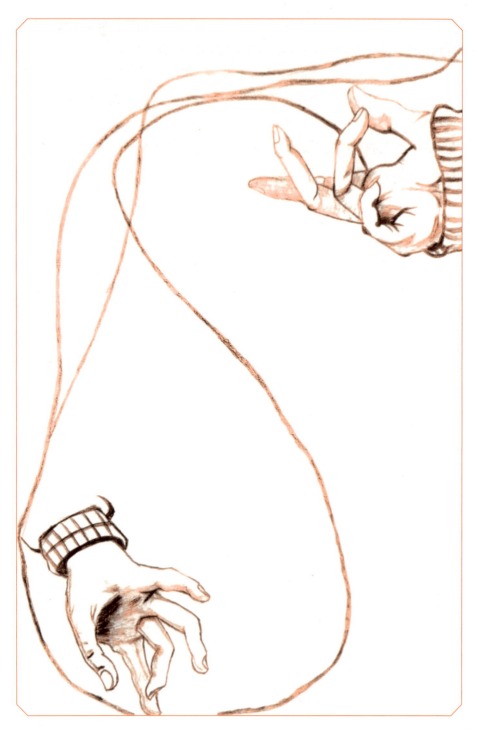

作者：孙艺嘉 13岁

第9章

教育就是教人去思维

电影《教父》里有句台词:"花半秒钟就看透事物本质的人,和花一辈子都看不清事物本质的人,注定是截然不同的命运。"孩子的思维和他的整个人生高度呈正相关性,培养孩子好的思维远比单纯的知识获取更重要,因为脑海里的知识可能会淡忘,但思维可以永存,伴随他一生。

思维决定孩子未来的高度

一个建筑工地上，三位工人正在砌墙，有人询问他们在做什么。

第一位工人不耐烦地回答道："砌墙呀，你没看到吗？"

第二位工人勉强微笑着回答："我们在盖一座高楼。"

第三位工人笑容满面地答道："我们正在建设一座新城市。"

十年后，第一位工人仍然在砌墙；第二位工人成为建筑工地上的一名现场管理人员；而第三位工人则成为一家大型建筑企业的老板。

三位工人人生的巨大差异源于他们思维高度的不同。亚里士多德曾说："人生最终的价值在于觉醒和思考的能力，而不只在于生存。"

对于孩子而言，思维决定孩子未来的高度。思维既是一种能力，也是一种超越能力层面的价值取向。它在帮助孩子解决问题的同时，也左右着孩子的价值观和格局。

一、思维方法比知识本身更重要

很多父母常常充满疑惑地对我说，孩子本来在小学的成绩很好，考试常常能拿满分，但一上初中，就开始跟不上，成绩直线下降，更可怕的是，随着年级升高，孩子的成绩下滑越明显。这时，我都会询问父母："孩子平时善于思考吗？"但这一问往往收获到的都是一脸错愕。显然，在孩子的成长过程中，大多数父母都过度重视孩子是否掌握知识，却忽视了培养孩子的思维。

子曰："学而不思则罔，思而不学则殆。"物理学家爱因斯坦也曾说："学习知识要善于思考，思考，再思考，我就是靠这个方法成为科学家的。"从古至今，无论是教育家还是科学家，都用他们的智慧告诉我们思维能力在学习中的重要作用。

思考，能让孩子的学习更加高效。

孩子之所以在小学成绩优异，而进入高年级时跟不上或成绩直线下滑，主要原因是孩子欠缺思维能力，这一能力将直接左右孩子的思考习惯。在低年级时，知识的难度不大，孩子只需要简单地对知识进行记忆，便可以在考试时拿到很高的分数，因此未能完全显现爱思考的孩子和不爱思考的孩子之间的差异；但当孩子进入高年级时，需要学习的知识点增加，难度加大，考试内容也更加灵活，此时便能立刻体现思维能力的优势，爱思考的孩子和不爱思考的孩子学习成绩的差异也越来越明显。

虽然孩子接受的知识都是相同的，但会思考的孩子并不仅仅满足于老师传授的知识，他们会在听课和完成练习的过程中不断思考，提出新的问题，并积极寻求答案；他们会将所学的知识联系起来，进行分类整理、分析联想，达到融会贯通的效果。最后他们收获的知识远远多于单纯依靠理解、记忆进行学习的孩子，所以无论题型如何灵活变换，爱思考的孩子都能在考试中得心应手。

总而言之，爱思考的孩子比不爱思考的孩子更善于"加工"知识，因此最终产生的价值也是不一样的。正如厨师一样，尽管每个厨师得到的食材都是一样的，但做出的菜肴却不一样。而是否爱思考，能否对知识做更优良的"加工"，将成为决定孩子是否能决胜考场的因素。

二、思维决定出路，格局注定结局

在同等的努力下，为何有的孩子小时候天资聪颖，长大后却泯为众人？而有的孩子，小时候默默无闻，长大后却能拥有精彩的人生？差距是从哪里产生的？在思维上。

从孩子开启生命开始，除去微弱的遗传因素的影响，每个孩子的大脑几乎都是一样的。从这个角度来说，孩子的起跑线都是相同的。但最终人与人之间的发展高度、能力水平参差不齐，思维在其中起到关键性的作用。

每个人都在以自己的经历和对这个世界的理解构建自己的思维模式，最终又会以这个思维模式去理解世界。因此，同一件事情，不同的人去处理，因为思维模式不同，最终产生的结果也不同。

思维决定出路，格局决定结局。

1. 好的思维模式能帮孩子披沙拣金

当今孩子生活在一个信息爆炸的时代，比起积累点滴的知识，更需要利用宽广、多维的思维去快速识别有效的知识，准确获取自己所需的信息，而不是被动地被碎片化的信息牵着鼻子走，淹没在信息的海洋中。

换言之，好的思维模式能让孩子知道自己想要什么，哪些信息是重要的、关键的，哪些信息可以忽略，从而有目的地去获取信息，并迅速筛选出重要信息，做到为我所用，且不被外界干扰。

2. 好的思维模式让孩子更加从容

从价值层面来看，好的思维模式意味着更加积极主动的心态和更具有远见的格局。

这种积极的思维可以让孩子在面对挑战时，不会认为障碍和新的体验是天大的困难，他们反而更乐意去积极尝试、探索，并享受其中。

面对未知时，他们往往抱着更开放的态度，不会过于在乎他人的评价而害怕犯错，进而束缚自己。

面对逆境时，孩子会更侧重于如何解决问题，而不是将大多数时间和精力浪费在消极的内耗中。

所以，好的思维模式能让孩子在面对未知的生活时更加从容。

3. 好的思维模式能让孩子不被社会淘汰

好的思维模式能让孩子更善于从多角度去思考问题，摆脱呆板，克服惰性，避免囿于其中，看透事物的本质。

好的思维模式，让孩子不以追求事物原本的答案为唯一的目的，他们更倾向于发现问题，提出问题，并积极探索。

无论是在学习中、工作中，还是生活中，在处理一件事情时，往往会有多套方案，好的思维模式让孩子更注重创新，而这种创新能力正是这个时代所稀缺的资源。

不同的时代对人才有不同的要求。在信息闭塞的年代，人们更加注重于知识的储备，俗话说"两耳不闻窗外事，一心只读圣贤书"；在工业时代，有"学好数理化，走遍天下都不怕"这一说法；而在孩子这一代，在时代洪流中，信息瞬息万变，单纯依靠所学的知识可能并不能应付多变的未来，而只有学会思考，具有创新思维，才不会被时代淘汰。

> 思考：你关注过孩子的思维能力吗？他的思维模式如何？

拆除思维的藩篱，帮孩子打破消极思维

孩子的思维模式会影响孩子一生的轨迹。俗话说，不破不立，当孩子陷于被动的境地时，唯有打破牢笼，才能获得生机。父母只有引导孩子有意识地消除思维痼疾，才能让孩子的人生变得轻松起来。

一、可怕的消极思维

"孩子总是不愿意尝试新的事物,也不愿意接受挑战,总是还没开始,就开始退缩。'我不会,这太难了。'每次看到孩子的这种表现,我就无比生气,但又不知道该拿他怎么办。"不少父母在如此抱怨时,并没有意识到孩子的这种行为实则反映出他们存在消极思维。

消极思维的典型特征及常见表现,见表9-1。

表 9-1 消极思维的典型特征及常见表现

消极思维的典型特征	常见表现
喜欢否定自己	孩子经常说:"我怎么这么笨呀" 依赖心强,还没尝试就开始寻求帮助:"妈妈/爸爸你帮我做,我不会"
碰到阻碍轻易放弃	面对有挑战性的游戏时,想逃避:"咱们换一个游戏吧,这个游戏一点也不好玩"
不能正视失败	玩游戏时,不能接受自己输,一输就开始哭闹
喜欢待在舒适区	总是害怕尝试新鲜事物,对于陌生事物十分排斥
无法正确面对他人对自己的评价	孩子有颗"玻璃心",只能接受表扬,经不起一丝一毫的批评 当别人批评他时,他会表现得很沮丧,心中认为"你不喜欢我了"

孩子无法正视失败,是父母在陪伴孩子成长的过程中最常面临的问题。网络上有这样几段视频,视频中爸爸与孩子在玩一些小游戏,如石头剪刀布、五子棋、手指弹射投篮等,面对丝毫不相让的爸爸,孩子的情绪一直都很崩溃,每一次都以孩子哭着输掉游戏收尾。这些搞笑视频正反映了孩子的一个心理特征——输不起。

而这也是消极思维的典型特征。几乎每个输不起的孩子都有一颗"玻璃心",为了避免这颗"玻璃心"摔碎,他们会逐渐把自己缩在一个壳里,而这个壳就像一个"牢笼"。

消极思维将孩子困于"牢笼中",他们逐渐丧失了探索的欲望,错失了成长的机会,长期的消极状态还会给孩子的学习、生活、健康造成一系列不良的影响。

在消极思维的不断作用下,孩子会变得紧张、焦虑、孤僻、敏感、多疑,严重时甚至会导致孩子心理失常。当孩子处于消极情绪中无法自拔时,则会丧失理想,变得怨天尤人、破罐破摔,甚至逐渐迷失自我。

由此可见,消极思维是孩子成长过程中最大的敌人,父母通过一定方法引导孩子拆除思维的藩篱,帮孩子打破消极思维,就显得尤为重要。

二、重塑积极的思维模式

消极的思维模式虽然贻害无穷，但父母只要了解和掌握了改变它的方法，对孩子加以积极的引导，那么消极思维就可以被重塑为另一种积极的思维模式，就能把消极变为积极，把被动变为主动，把挫折变为存折，把困难变为宝藏！

在孩子成长的过程中，父母首先需要以身作则，给孩子展现积极、乐观的心态，用自身的行为去潜移默化地影响孩子。

其次，父母也需掌握具体的操作方法，帮孩子打消消极的思维。下面为父母推荐一种比较实用且适合孩子的方法，具体步骤如下。

1. 把消极念头具体化

父母可以引导孩子把自己脑海中的消极"声音"写出来。例如，孩子考试没考好，产生了自己很笨的念头时，父母可以抓住时机，引导孩子把自己脑海中产生的所有消极念头写在一张纸上，同时在每个消极念头后写出1~2件让孩子印象深刻的具体事件，即哪些事件让他有了这样的念头。

通常孩子在遭遇挫折时，脑海中会产生更多消极念头，以前隐形的，或在潜意识里认为还不重要的事，都会在这一刻暴露出来，父母抓住这一时机引导孩子，效果会更好。

2. 列出自己的优点或发光点

完成第一步后，父母需要引导孩子写出自己的优点或做得好的方面，条数需要与第一步中列出的消极念头一样多。

3. 分享、论证

当孩子写完自己的优点后，父母需要引导孩子进行分享。

父母可以让孩子针对每一条优点展开详细的分享：为什么会认为自己具备这一优点，有哪些事情可以佐证，具体细节是怎样的。

例如，孩子写明的其中一个优点是细心。那么，父母可以询问孩子："你为什么会认为细心是自己的优点呢，你能跟我分享一下吗？"在孩子分享的过程中，父母可以适当引导孩子，让孩子做更加细致的描述，或抒发更多的观点。

这个过程实则是父母帮孩子找到自己的优点或发光点，同时通过与父母分享、论证，孩子会更加肯定、认可自己。有些优点有具体事件作为依据，可以让孩子回忆过往做得好的过程和经历，加深孩子的成就感。当每个优点和发光点得到论证之后，孩子能对自己形成更加全面、客观的认识，明白自己其实也很优秀，并没有想象中那么糟糕。

4. 找出负面情绪背后的问题，提出解决办法

当孩子完成第三步之后，情绪上往往已经有了一个很大的转变，再回过头来看自己写下的消极念头时，孩子已经从最开始的"情绪困境"中走出来了，可以更加客观地看待眼前的问题，并提出解决问题的办法。

例如，孩子"觉得自己笨"只是一种情绪，而背后的事件才更有利于我们找到问题的关键。若孩子"觉得自己笨"是因为自己几次考试都没考好，则说明考试给孩子带来了挫败感，那么此时父母就需要引导孩子分析具体考试中存在的问题，并提出解决办法。

父母引导孩子完成这四步，能帮孩子挣脱出消极情绪的泥潭，长此以往，还可以锻炼孩子的辩证思维方式，让孩子更加从容地面对负面情绪和挫折。

> **练一练**：家长可以试着利用以上方法，帮助孩子打破消极的思维模式。

培养创造性思维，让孩子的思维灵活起来

小时候，我们都读过小马过河的故事。

老牛说，河水很浅。小松鼠说，河水很深。

妈妈说，河水是深是浅，自己试一下不就明白了。光听别人说，自己不动脑筋是不行的。

妈妈的话，点醒了小马。

倘若小马当时将别人给的判断奉为圭臬，不敢尝试，那么小马永远也不敢过河。而当小马打破常规的思维模式，自己探索之后发现，原来河水既不像老牛说得那样浅，也不像小松鼠说得那样深。

其实，真正的思维教育是在亲子对话中完成的。

培养孩子的创造性思维，让孩子的思维灵活起来，父母需要有技巧地与孩子相处、对话。

一、给孩子营造想问的环境

美国哲学家约翰·杜威在《我们如何思考》中提出:"教育的本质即是教人思考,培养主动的思考、积极反思的能力,比起单纯的知识传授来要重要得多。"

当孩子愿意主动思考的时候,他才能够真正避免思维的僵化和偏执。

那么,如何才能让孩子主动思考呢?

首先,父母需要为孩子营造一个"想问"的情境,激发孩子的兴趣,从而引发其思考。所谓的情境设置,也有一定的技巧可循。

1. 设置悬念

设置悬念的目的是让孩子对事物感到好奇,激发孩子的兴趣。

例如,父母平时给孩子讲故事时,可以给孩子设置悬念,在重要的故事节点停下来,如果孩子想要知道结果,就要开始思考、追问;又或者,多陪孩子玩猜谜语之类的游戏,在游戏过程中给孩子适当的提示,引导孩子思考、发问。

2. 尊重孩子提出的每一个问题,少对孩子说"不"

孩子之所以能提出问题,是因为他在思考,而且对某件事情感到好奇。但很多时候父母往往忽视了孩子的这一动机,认为不回答孩子问的一些问题也没关系,甚至会用大人的视角去破坏孩子的好奇心,常常对孩子说"你怎么这么多话""你问这个干什么"……孩子的思考过程或没有得到有效引导,或无疾而终,最终让孩子失去了探索的乐趣,久而久之,孩子便会产生思维惰性。

所以,父母除了在给孩子讲故事或陪孩子玩游戏时,需要利用一定的技巧激发孩子的好奇心,平时也要尊重、正视孩子提出的每一个问题,让孩子的思维没有枷锁,可以充分地思考、自由地表达,而父母在这一过程中则要积极引导。

3. 开阔视野,激发孩子的好奇心

古人云:"问渠那得清如许,为有源头活水来。"父母需要引导孩子多参加实践活动,在实践中更能引发孩子思考。

父母可以拓展孩子的生活空间,带孩子接触大自然,让孩子对大自然产生好奇心;同时,可以带孩子多参加各种活动,让他们有机会去观察和探索。

4. 打造爱学习的家庭氛围

较强的知识储备和信息刺激也能让孩子更爱提问。所以,父母要注重家庭文化氛围的建设,引导孩子培养良好的阅读习惯,同时加强自身的学习,真正让孩子爱上思

考，喜欢提问。

父母在培养孩子良好的阅读习惯时需要做到以下四点。

（1）不苛求孩子读的书是否符合父母的预期

父母不必苛求孩子读的书是否符合我们的预期，当孩子在享受阅读时，不破坏孩子阅读的兴趣，努力从孩子阅读偏好中发现孩子的兴趣，引导孩子自由的探索。这才是阅读的目的。

（2）不为孩子的阅读量设限

父母不用像完成任务似的每天要求孩子读多少本书，在孩子感兴趣时的阅读效果往往才是最好的。

（3）不必刻意追求阅读形式

不必刻意拘泥阅读形式。阅读更需要注重内容，它是一个宽泛的概念，并不意味着一定要读纸质书，通过各种电子设备阅读电子书或进行线上阅读均可。

（4）不必每天看书，当孩子专注于其他事情时，不必慌张

父母不必要求孩子每天看书，当孩子在一段时间内专注于其他的事情时，父母也不必慌张，不妨借此培养孩子的专注力，观察孩子的兴趣，以及引导孩子做更多元的探索。

此外，父母也需加强自身的学习，给孩子营造良好的学习氛围，如每天做到按时阅读。

二、掌握提问的艺术，善于对孩子发问

给孩子句号，不如给孩子问号。

在教育孩子的过程中，父母应该多扮演提问者，通过对孩子提问来引发孩子思考。父母的提问方式不仅会影响孩子的思维方式，甚至会决定孩子的思维能力。

所以，提问也是一门艺术，父母应该如何把握其中的火候，既能激起孩子的兴趣，又能提高孩子的思维能力，其中大有学问。

1. 提问时需关注的问题

父母无论何时提问，都需要注意以下三点。

（1）提出的问题孩子是否感兴趣

父母对孩子提问，首要考虑的便是孩子是否对这个话题感兴趣。当孩子面对自己感兴趣的话题时，好奇心会更强，因此会更加积极主动地思考。所以，父母应该多从

孩子的角度出发，用孩子感兴趣的方式，提出孩子感兴趣的问题。

（2）提出的问题是否具体

笼统、宽泛的问题往往会让孩子回答不上来，极易终止话题，所以父母在对孩子提问时，要具体形象，善于从孩子熟悉的事物入手。

例如，父母问孩子："今天开心吗？"孩子回答："开心。"话题可能戛然而止，并没有达到目的。若父母换另外一种方式提问："今天发生了哪些开心的事？"同样的意思，但问题表述更明确、具体，能让孩子迅速回忆并主动倾诉。

此外，父母在提出问题时，也要避免因表述过于细致具体而造成答案单一，最终反而会对孩子的思维造成限制。

（3）提出问题的难度是否符合孩子的水平

父母在对孩子提问时，要充分考虑孩子自身的知识水平，过于超纲的设问会让孩子觉得晦涩难懂，容易产生畏难和退缩情绪，而过于简单的问题又无法激起孩子的兴趣。所以，父母提出的问题既要对孩子有挑战性，又要让孩子"够"得着。

2. 给孩子做情景假设

父母在不同的情景假设下对孩子提问，能拓展孩子的多元思维，引发孩子不同的思考。

例如：

"假如你是他，你会选择怎么做？"

"他要是抢了你最喜欢的玩具，你会怎么办？"

"如果有一天在沙漠中，你需要扔下背包，只能选择随身携带一样东西，供你选择的有水、指南针、毯子、枪，你会选择什么？为什么？"

……

情景假设可以为孩子提供一个现实生活中也许不会或者很难遇到的情景，这样的询问可以引导孩子思考更多可能性，助其进行更多元的思考。

3. 设置没有标准答案的问题

父母在对孩子进行提问时，可以多询问孩子没有标准答案的问题，即开放式的问题。

例如，父母可以采用这些句式：

"你怎么想的？"

"你为什么这样想？"

"有没有其他解决办法？"

"你认为每种解决办法会产生什么后果？"

"我们现在还有什么办法改变这种结果吗？"

父母采用这些句式提问，在没有标准答案限制的情况下，能让孩子不惧怕犯错，从而积极思考。同时重视表达、讨论过程，往往比盯着最终结果进行讨论的效果要好得多。

父母还可以多用生活中的事例给孩子举例子，用孩子熟悉的事物设计问题，让孩子养成多向思考的习惯，培养其创造性思维。

三、引导孩子"大胆质疑，小心求证"

"大胆质疑，小心求证"，则是指父母要培养孩子的批判性思维。

孩子的批判性思维对于其养成创造性思维具有重要作用，缺乏批判性思维的孩子通常很难拥有创新性思维。因此，父母需要学会培养孩子的批判性思维，为孩子打好创新性思维的基础。

1. 何为批判性思维

那么，批判性思维到底是一种什么样的思维？

单从字面上理解这种思维，显然会陷入对批判性思维的这种错误认知——对所有事情持质疑、否定的态度，批评所有结论。

胡适先生曾说过一句话："大胆假设，小心求证。"他是在倡导我们要打破既有观念的束缚，敢于质疑，敢于提出假设，而后进行严谨的论证，从而得到创新性的结论，这也正是对批判性思维的正确应用。

基于此，父母需要弄清两个概念。

（1）批判性思维≠否认、指责

对于绝大多数的既有观点，具有批判性思维的人首先并不是去否定它，也不是寻找已有的逻辑去理解它，而是会思考这个观点是如何成立的？有什么理论作为支撑？用这种方式来支撑这个观点是否合理？因此，批判性思维的核心是善于思辨和理性分析。反过来，缺乏这种思维的孩子很容易走入极端，全盘否定，或像海绵一样对于外界的观点不加筛选地全部吸收，这种做法不利于孩子创造性思维的形成与发展。

（2）观点≠事实

任何观点都带有主观色彩，这与每个人的个人背景、阅历有关。正如"一千个读者心中，有一千个哈姆雷特"，既有的观点并不等同于事实本身，因为它或多或少会在解读过程中受到各类主观因素的影响。而具有批判性思维的人,能从主观解读中找到最符合客观依据的观点。

通俗地理解,批判性思维是指不被外界迷惑,保持思辨的精神,多角度思考,精确求证,捕捉事物的本质。

若孩子缺乏批判性思维,他在成长过程中便不可避免地会被限制于各种条条框框中,逐渐盲从甚至掉入他人的观点陷阱中。

2. 如何培养孩子的批判性思维

批判性思维中包含三个要素:事实、质疑、判断。父母要有意识地引导孩子把握好其中的每一个要素,由点及面,便能使孩子的批判性思维得到有效培养。

(1)学会区分事实与观点

父母需要引导孩子学会区分事实与观点,常问孩子"这是在陈述观点还是在陈述事实"。

事实是指能被证明真假的陈述;而观点是指带有主观色彩,通常是指表达自己的感觉、信念、看法的陈述。

例如,表9-2为简单的观点与事实的区分。

表 9-2 简单观点与事实的区分

事 实	观 点
这个苹果的颜色是红色的	这个苹果很好吃
狗有尖锐的牙齿	我害怕狗
这是一篇散文	我喜欢读余秋雨的文章

父母可以引导孩子多做分辨事实与观点的训练,训练难度可以根据孩子的学习能力水平来把握。

在国外,这是一种从孩子上幼儿园起便在用的培养批判性思维的方法,它不仅能帮助孩子更好地学习,也能让孩子有意识地辨别他人说的话哪些是客观事实,哪些是主观评价。这样孩子对这个世界的认识会更清晰,也能正确地面对外界对自己的评价,而不会因过度在意别人对自己的看法而产生困扰。

(2)会质疑

质疑其实是充分挖掘信息并对信息进行理性分析的过程。而合理质疑的本质便是会提问。

如何让孩子"会质疑"?最简单的方法就是选取生活中的一个片段,引导孩子运用"5W+1H"提问模型。

其中5W是指"Who""What""Where""When""Why",1H是指"How",表9-3为"5W+1H"提问模型。

表9-3 "5W+1H"提问模型

项目	含义	内容
Who	谁说的	是身边的人/是权威人士/还是专家……
What	他说了什么	他原话是怎么说的
Where	他是在哪里说的	是一个什么样的场合(在学校/家里)
When	什么时候说的	上午/下午(等)
Why	他为什么要说这句话	是为了表达自己的观点/为了辩驳别人/为了证明自己
How	他是带着什么样的情绪说的	高兴/开心/愤怒/郁闷等

这是对于一个观点产生的全过程的充分挖掘,每一步都非常具体,也正是因为这种细致的提问方式,才能引发孩子进行深刻的思考。

也许很多父母会问,培养孩子的批判性思维不应该是从孩子的学习方面出发吗?这种想法过于局限,因为批判性思维是一种思维能力,是在生活的点滴中养成的,这种能力并不一定要在学习环境中才能培养。反过来,孩子一旦形成批判性思维,它又会指导孩子生活、学习的方方面面。所以,父母在培养孩子批判性思维时,若非要将学习和生活做严格区分,显然是不恰当的。

例如,当物理书本中出现了一个公式时,会提问的孩子便会好奇:"这个理论是谁提出的?在什么场合下提出的?他是基于什么理论得出的?其中的逻辑是什么……"这份好奇是促使孩子带着问题寻找答案的强大驱动力,在这种强大驱动力推进的"盘问"过程中,孩子能收获远远不止是公式的知识,学习也会变得更有效果。

(3)会判断

会判断即会解答,它是指用合理的论据及有说服力的论证进行判断,或得出新的解释。

这一过程在整个批判性思维中具有重要意义,它将"刻意抬杠"和"故意诋毁"划出了批判性思维的范围,让所提的问题具有现实性的意义。

因此,这一过程要求孩子在充分掌握信息的基础上,合理论证,最终做到有理有据的表达。

那么,父母在这一过程中应该如何引导孩子呢?

父母可以在孩子表达某种观点之后这样引导孩子:

"你是怎么知道的？"

孩子在回答这个问题时，会把自己产生观点的路径回忆一遍，并提供相应的证据，审视观点获取的途径及产生过程是否可靠。这样，在孩子回答之后，父母便可以依据孩子的思考过程对孩子进行相应的引导。

父母经常这样问孩子，会让孩子更加注重论证的过程是否合理，是否有充足的论据，进而激发孩子进行进一步的探索、求证。

《礼记·中庸》中有句名言："博学之，审问之，慎思之，明辨之，笃行之。"用此句话来概括批判性思维的特征再合适不过。父母在生活中有意识地培养孩子的批判性思维，用更大胆的态度去对待孩子求知的过程，可以让孩子在碎片化的信息中更加从容地进行有价值的思考，培养其创造性思维。

> **练一练**：您可以根据以上所学内容，结合孩子的特点，制订一套打造孩子创造性思维的方法。

有的放矢，打造孩子优秀的思维能力

思维能力是一种比较抽象的概念，它既看不见，也摸不着，却实实在在地影响着孩子的一生。

对于父母而言，都想要培养孩子优秀的思维能力，让孩子能收获精彩的人生。但也正是因为思维能力的抽象性和重要性，给父母增加了难度和挑战，甚至让父母找不到方向。

那么，父母究竟该如何培养孩子优秀的思维能力呢？

优秀的思维能力建立在很多突出的能力之上，但其中观察力、理解力、分析能力尤为重要，所以父母要做到有的放矢，培养孩子的"关键能力"，为孩子打造优秀的思维能力奠定坚实的基础。

一、孩子与达尔文的距离——观察力

达尔文说："我既没有突出的理解力，也没有过人的机智，只是在觉察那些稍纵

即逝的事物并对其进行精细观察的能力上,我可能在众人之上。"

观察力是孩子思维能力的重要组成部分,也是确定孩子起跑线的一种重要能力。它是孩子获取信息、认识事物的重要途径。有了观察,才能引发思考,当孩子爱观察、善于观察时,也就为其他能力的形成打下了坚实的基础。

既然观察力如此重要,父母应该如何培养孩子的观察力呢?

1. 引导孩子明确观察任务

通常,对于年纪较小的孩子来说,他们的观察缺乏目的性、稳定性与系统性,且受个人兴趣或情绪的影响较重,持续的时间也很短,常常表现为 3 分钟热度。所以,父母的引导就显得格外重要。

父母引导孩子,需要帮孩子明确具体的观察任务。

例如,父母可以鼓励孩子观察蝴蝶的外形,包含颜色、花纹、触角、翅膀等。带着明确具体的观察任务,孩子能从无意注意转变为有意注意,孩子的注意力也会更加集中,逐一完成观察任务的过程也是观察逐渐走向系统化的过程。

2. 选择适合的观察方法

好的观察方法可以引导孩子提高观察的准确性,有助于孩子把握事物的特点,进而更加全面、深入地认识事物。

(1)特征观察法

抓住了事物的特征,就相当于把握到事物的特殊性和本质。父母引导孩子从事物最突出的特征入手,有助于孩子更加清晰、准确地认识事物。

例如,在观察七星瓢虫时,父母可以引导孩子利用特征观察法,问孩子七星瓢虫通常是什么颜色的,身上有几个斑点。七星瓢虫整体颜色呈红色或橙黄色,共有 7 个黑斑,这是七星瓢虫最显著的特征。

(2)细节观察法

细节观察法可以培养孩子更加敏锐的感知能力。

曾有一段时间,达·芬奇的老师一直让他画鸡蛋,达·芬奇对此表示不理解。达·芬奇的老师给出了这样的解释:鸡蛋虽然是普通的,但天下没有完全相同的鸡蛋,即使是同一个鸡蛋,角度不同、光线不一样,画出来的鸡蛋也不同。这也启示我们观察细节的重要性,许多看似相同的事物,实际上"隐藏"着截然不同的细节。孩子只有把握细节,才能更加深刻地认识事物。

父母在引导孩子运用细节观察法了解事物时,可以利用高相似度的图片,让孩子找不同。有条件时，还可以灵活采用游戏的方式进行。

（3）整体观察法

整体观察法是让孩子做到既见树木，又见森林。这种方法能够培养孩子全面看问题的能力，善于把握事物的全面性。

例如，父母可以让孩子从颜色、形状、数量、大小等方面对物体进行整体观察。

父母在引导孩子运用整体观察法了解事物时，同样可以利用图片或游戏让孩子从整体上了解事物。

（4）对比观察法

对比观察法能培养孩子辨别事物差别的能力。

例如，父母可以让孩子同时观察两种不同的水果，如苹果、橙子。孩子可能会发现苹果可以直接食用，但是橙子有厚厚的皮，而且两种水果的肉质也是不一样的。

二、"笨小孩"的蜕变之路——理解力

经常有很多父母向我咨询，孩子上课听不懂，记忆也很差，在学习上反应比较迟钝，感觉脑袋总是转不过弯，是不是智商存在缺陷。每当这时，我都会帮父母纠正认识上的误区，向他们指出孩子的问题其实出现在理解力上：孩子的这些表现实则是他们的理解能力比较差。

正如捷克民主主义教育家夸美纽斯在《大教学论》中所言："读书而不理解，等于不读。"孩子在思维方面表现出的迟钝大多是因为理解力差，他们不能理解知识内容本身，无法正确理解题目，很难把握问题的意图，也不理解选项的含义，进而无法灵活运用知识。

而熟练掌握某项知识的孩子，不但能快速反应，还懂得举一反三，孩子的快速反应能力、联想能力、创造性思维能力都基于优秀的理解力。

但孩子的理解能力也并不是与生俱来的，它也可以通过后天训练得到提升。父母想要提高孩子的理解力，可以引导他们从阅读开始。

1. 学会做预判

父母在引导孩子进行阅读理解训练时，首先要引导孩子对文章内容做整体的预判，孩子可以借助标题、摘要、简介大概了解整本书的内容，这样可以在阅读之前让孩子对文章内容有大致的印象，对它的思路或方向有大体的把握。

若将这一方法运用到具体的解题过程中，则需要孩子做好审题。审题是理解题干

的前提，通常题干都会基本指明解题所需的各种依据与解题方向。

2. 尝试列框架

基于全文阅读的基础，父母可以引导孩子利用关键词尝试给整篇文章列框架，这样孩子才会对作者的行文脉络有清晰的认识，同样能更加熟悉自己不清楚或想要了解的地方，方便对相关内容进行查看和理解。

3. 学会概括总结

很多看似篇幅很长的文章，实则可以用很简单的话概括出来。

这要求孩子掌握阅读的基础知识及技巧。如修饰词在行文中起到的是修饰作用，多用于修饰名词或代词，所以孩子只需把握主题词或关键词即可；孩子同样还可以利用好关联词，如"虽然……但是……"，通常"但是"后表达的是重点，这样也有助于孩子不被长句子所迷惑。

4. 圈出观点

孩子在阅读时，应该圈出关键人物的观点，这些观点通常都起到论证的效果。通常来说，在文章中出现的一些人物的观点都有作用，有的是总结性的观点，有的是为了引出下文，或引出中心思想。

所以，对人物观点的把握，也能帮助孩子把握整篇文章的中心思想。

5. 实际运用论证

对于书本中给出的一些观点，父母可以引导孩子在实际生活中进行运用及论证。例如，物理书中提到，冬天玻璃会在室内结冰。父母可以引导孩子进行实际观察，结合书中展示的原理进行检验，看其是否正确。

同样，对于书中表达的某些观点，若孩子有不同的见解，也可以进行不同的阐述。在孩子阐述的过程中，父母要有意识地让孩子提升语言组织能力和逻辑思维能力。

理解力的培养是一个长期的过程，父母在此过程中要懂得循序渐进，循循善诱，切忌急功近利。只要利用科学的方法，加上持之以恒的努力，那么我们便会发现，孩子的理解力、思维能力正在走向较高的层次。

三、帮孩子"打怪升级"的法宝——分析能力

疑心重重的国王找工匠用纯金打造成了一顶王冠，可问题来了，如何分辨这顶王冠是否由纯金制成？工匠有没有在其中掺假呢？

最开始面对这一问题时，充满智慧的阿基米德苦思冥想之后，也无计可施。

一天，阿基米德在洗澡时，水溢出了澡盆，身体被水轻轻浮起，于是他灵光一现，顿悟出可以利用测量固体在水中排水量的办法来确定王冠的比重，由此解开了"王冠之谜"。

阿基米德利用生活中司空见惯的现象，解决了如何判断王冠含金量的问题，并发现了浮力原理。从现象到科学原理的伟大发现，这一过程展现了阿基米德超强的分析能力。

也就是说，良好的分析能力是解决问题关键性的一步。

对于孩子来说，好的分析能力是孩子一生都不可或缺的力量，它能帮孩子"打怪升级"，摒弃直觉思维，以更加理性的视角去看待世界、解决问题，而这个能力与父母对孩子从小的培养息息相关。

1. 了解顺序概念

我们可以根据事物的大小、胖瘦、高矮、软硬程度等相关特征对其进行排序，父母需要有意识地引导孩子认识顺序概念，了解排序的原理。这种训练方法有助于提高孩子排序意识，根据排序对某类事物形成系统性和整体性的认识，同时更有利于孩子选择最优决策。

2. 学习分类方法

父母可以引导孩子从小开始学习对身边事物的分类方法。具体而言，就是引导孩子根据不同事物某一共同的特征将其分类，如颜色、形状、用途等。当父母拿孩子熟悉的事物进行举例，引导孩子关注事物的共同特点时，孩子能更轻松地掌握事物之间的联系和规律。

3. 了解时间概念

对于年纪较小的孩子，父母首先应教会孩子认识时间单位（时、分、秒），同时要学会一些表示时间的词，比如"立刻""马上""一会儿"等，让孩子对时间形成比较清晰的概念。同时，父母需要引导孩子感受时间的变化，如关注四季的更替、植物的生长过程等。

时间是抽象的，看不见、摸不着，时间单位也都是人为具象化后的概念。父母引导孩子认识时间，实则是帮助孩子对抽象的概念有初步的接触和认识。

4. 认识形状

生活中的事物以各式各样的形状呈现。父母可以引导孩子认识形状，从身边熟悉的事物开始，如三角形、圆形、正方形、梯形等。

孩子天生就对形状的感知力比较强,父母引导孩子认识形状,可以锻炼孩子的图像记忆能力和联想能力。

5.建立空间感

孩子对于空间感的概念其实并不强烈,父母可以有意识地对其加强引导,如上下、左右、前后、里面、外面等。

训练孩子的空间感,可以提升孩子的空间想象能力,空间感强、想象能力好的人能更快、更深刻地理解事物,同时逻辑思维能力也更强。

6.认识简单的因果关系

父母引导孩子认识简单的因果关系,实则是对孩子逻辑思维能力的训练。对于孩子来说,许多因果关系很难把握,父母应该尽早加强引导。比如,父母平时可以有意识地加强因果关系对话,让孩子在无形之中建立起逻辑顺序的概念。

> **思考:** 你认为孩子在哪些能力方面有缺失,应该如何培养?

作者：丁佳一　13岁

第10章
让孩子成为自己人生的"建筑师"

如果把孩子的一生看作搭建房子,那么真正的建筑师就是孩子自己。在这一过程中,父母的作用仅在于帮助孩子理解建房的意义和价值,为孩子埋下一颗梦想的种子。这颗种子能量巨大,能给孩子提供源源不断的动力,驱动孩子完成从绘制房屋的构造图纸,到自主建设人生这幢房屋的一砖一瓦的过程。

让孩子自主学习,父母应该扮演什么角色

俗话说:"活到老,学到老。"孩子的学习生涯本就是永无止境的过程。在这一路上,他们会遇到各种各样的困难,但父母在孩子的学习过程中扮演什么样的角色,决定了孩子会成为什么样的人——是勇往直前,劈波斩浪,成为"真理"的追寻者;还是丧失主动性,做一个畏葸不前的怯懦者。

一、做一名园丁,而不是木匠

在教育孩子的过程中,你担任的角色是园丁还是木匠?

教育是农业,而非工业,农业需要耕耘,不可速成。据我多年从事教育行业的经验来看,大多数父母都担任着木匠的角色,但孩子需要的偏偏是园丁式父母。

1. 木匠式的父母

木匠通常会根据自己的喜好、品味、想法和技术来制造各式各样的木制工艺品。他们对成品尺寸的把握越精确,技术越精湛,成品越接近图纸,就越能表明他们是成功的木匠。

因此,木匠式的父母在自己心中会有一个模范孩子的标准,他们会从自己的意愿出发,将孩子当成原木,以精确的测量、制作手法控制孩子的行为,将孩子打造成父母想要的样子。他们坚信,通过自己的手艺和努力,定可以将孩子打造成自己所设想的那样聪明、成功。

2. 园丁式的父母

园丁的本职工作是给花草树木提供必要的养分和舒适的成长环境,然后任由植物自己生长。

与之相对应的园丁式父母更习惯将孩子视为一颗种子,给予孩子成长过程中必需的养分,即充满爱和安全感的环境以及充分的耐心,让孩子朝着无限可能的方向发展。

对比而言,父母都明白应该选择做园丁式父母,但知易行难,大多数父母还是常常深陷在"木匠"的角色中无法自拔。

电视剧《小别离》中,子悠和欢欢的父母是典型的木匠式父母。在对孩子的教育中,他们关注的重点始终是孩子的成绩是否拔尖,是否能上名校,以后是否能有一份体面的工作等。甚至,为了提高孩子的成绩,他们会不惜一切代价,想方设法逼迫孩

子学习,即使孩子后来出现了精神方面的疾病,他们也没有自省。

木匠式父母的教育方式为大多数父母所诟病,但往往当局者迷,这些方式正是现实生活中大多数父母正在奉行的教育方法,只是程度有强弱之分而已。在木匠式父母管控下的孩子,不但达不到父母理想中的样子,严重者甚至会产生不良的心理反应,影响健康成长。纵然,在父母的精心雕琢下,孩子成了一件精美绝伦的作品,但他也早已迷失了自我。

所以,不要做木匠式的父母,因为孩子的成长需要园丁式的浇灌,让孩子成为他想成为的样子,这样才能激发孩子的自主性。

二、寓教于乐

孩子为什么不愿意自主学习?因为在孩子的眼里,学习是枯燥、辛苦的事。关于学习,前辈们既有"书山有路勤为径,学海无涯苦作舟"的精神指导,又有"悬梁刺股"的辛苦做派,文人们自古都在向孩子传递一个观点——学习必然是枯燥、辛苦的事。但其实,学习也可以是一件愉快的事情,倘若能将学习变得有趣一些,孩子就能像玩游戏一样自主学习。

威特是德国著名的数学家,他的学习兴趣和学习能力就是通过游戏获得的。在他很小的时候,父亲为他修了很大的游戏场,然后在上面铺满了沙子,并栽满了各式各样的花草树木,甚至还用木头为他制作了很多模型,搭建出各种各样的建筑物。善于观察、热爱思考的威特就是在这种快乐游戏的环境下,从小培养出了对学习的浓厚兴趣。

试想,倘若父亲一开始就功利地让孩子背数学公式、计算数学题目,孩子是否还会有之后的成就呢?也许因为孩子的世界是感性的,他永远只对令自己快乐的事情感兴趣。

有这样一个故事,一个高三的孩子,在临近高考的两个月前因为实在承受不了学习的巨大压力和枯燥氛围,决定辍学,父母无可奈何,却也答应了他的决定,前提是孩子必须参加高考,并且要听两个月的书,但没有指定听书的内容,孩子欣然答应。意料之外的是,孩子最终高考比平日的模拟考试高出40多分,考上了一所好大学。之后交流时,孩子说,这是因为自己在听书的过程中找到了学习的乐趣,而他也在听书的过程中开始理解成年人的思维,明白了考卷的出题逻辑。而在这之前,他一直想不通命题人出题的意义,对学习也抱有厌倦的态度。

连一个几近成年的高三孩子都很难理解成年人的思维,可想而知,对于一个懵懂的小孩来说，遵循成年人的规则进行学习，又是件多么令人费解和容易让人产生厌倦的事情。倘若以孩子的思维角度去引导孩子在趣味中学习，那么结果也会令人惊喜。

孔子说："知之者不如好之者，好之者不如乐之者。"父母将教育与娱乐相结合，首先要学会发现孩子感兴趣的点，对于孩子感兴趣的事物少一些量化。比如说，当孩子对阅读感兴趣时，父母应尽量少对阅读种类做过多的限制，不必对阅读时间做过多的要求；经常用故事给孩子讲道理，让孩子从故事中吸取能量；多带孩子感受大自然，因为孩子自己亲身经历总好过父母讲述的大道理；同时，父母也要不断学习，掌握有趣的学习方式，引导孩子用趣味的方式学习。

三、别包办，别包办，别包办

在我的线下课程中，经常遇到这样的父母，他们常常花费1个多小时过来咨询，通篇却都在抱怨孩子多糟糕，自己有多么大的压力。其实，我很明白他们的意图，这部分父母多数想得到我的认同和理解，但我始终都没有对他们说出"做父母的着实不容易"这句话，因为当父母在教育孩子感到无比吃力和痛苦时，多半是他们自己错了，是因为他们把孩子的学习全部都包揽在自己身上，对孩子事必躬亲，当孩子不能满足他们的要求时，他们会倍感痛苦。

父母包办孩子的一切，会让孩子过度依赖父母，甚至认为学习也是父母的事情，逐渐让孩子失去独立自主的能力和自我探索的欲望，在这种畸形的教育方式下，孩子自然无法健康成长，更难做到自主学习。

教育的方式不对，就好比缘木求鱼，纵然父母付出再多，最终也不见成效。真正好的教育是学会信任孩子，给孩子独立的空间，别包办孩子的学习历程。

在线下课程中，我经常会给父母讲述泰国的一条公益广告——《菠萝冰条》。

广告视频中的母亲没有受过什么教育，靠卖水果和女儿相依为命。女儿不会削菠萝，母亲并没有马上手把手去教孩子怎么削，而是自己默默拿起一个菠萝在女儿旁边削起来，女儿通过观察和模仿，不久就学会了削菠萝。

夏天，因为没钱买雪糕，母亲会给女儿做菠萝冰条，女儿觉得这丝毫不比雪糕的味道差，于是提议夏天上街卖菠萝冰条，这样生意肯定会很好。母亲默默支持着女儿的想法，但第一天却没有任何收获。看着困惑又沮丧的女儿，母亲建议她去菜市场看看。女儿独自来到菜市场，观察、学习到了许多招牌样式与营销技巧，回来学以致用后成功卖出了菠萝冰条，甚至生意一度异常火爆。

在这个过程中,母亲始终起着引导、支持的作用,也许母亲自己并不明白教育的含义,但她身体力行地诠释了教育的本质——不包办孩子的事情,让孩子学会自己去解决问题。在母亲的引导下,孩子不断进步,最终考上了泰国有名的学府。

古希腊著名的哲学家和教育家苏格拉底曾说:"教育不是注满一桶水,而是点燃一把火。"而这把火是孩子探索的欲望。有智慧的父母通常都会懂得与孩子保持适度的距离,不插手孩子的人生,就像两条无比相近的平行线,减少彼此交割带来的冲突,却能给孩子最大的成长空间。

四、用长远的眼光来培养孩子

在重视教育的大环境下,父母的内心往往会变得格外焦虑。孩子应该上哪所学校;报哪些补习班;如何才能提高学习成绩,变得出类拔萃……于是,"补课""升学""成绩""排名"几乎成为父母教育孩子的全部目标。在孩子成长的道路上,父母逐渐本末倒置,在教育过程中缺失了孩子作为人最基本的情感需求,忽视了对孩子最基本的生存技能的培养,如人际交往、独立自主的培养;性格、兴趣的培养;甚至人生观、价值观的塑造等。而这些素养则是关乎孩子未来成长的关键性因素。

正如哲学所言,认识指导实践。若孩子的情感得不到最基本的满足,就会导致价值观发生偏差,甚至产生扭曲,无法给实践提供源源不断的动力,也无法培养独立自主的能力,进而无法独自面对自己的人生。

父母的这种教育方式无疑"制造"了很多高分低能的孩子,这样的孩子即使最终考上了大学,离开父母之后,仍然无法独立生存,而这也是父母错误认识教育的最大缺陷。父母无法陪伴孩子一生,无法一直为孩子遮风挡雨。

"父母之爱子,则为之计长远。"在孩子的教育问题上,父母一定要将眼光放长远。孩子是一个独立的个体,始终会需要自己面对问题、作出选择、解决问题。哪怕父母在孩子的事情上再事无巨细,也无法做到面面俱到。但若孩子的内心充满安全感,有独立自主的能力,孩子就可以自己面对任何问题。

教育家叶圣陶先生主张,教是为了不教。父母永远不要低估孩子的认知,在对孩子的教育中,父母需要多关注孩子的情感需求,给孩子自主权,让孩子知道人生是自己的,需要做的一切也都是自己的事情。在一些非原则性的问题上,让孩子学会自己作决定,当孩子明白需要自己掌控自己的人生时,他会更加主动地做一些事情,也愿意承担更多的责任。

亲子关系中的高效学习法

樊登先生曾说，教孩子实在是一件太好玩的事情，从孩子出生后的12年里，他没有对孩子大声说过一句话，也从来没有辅导过孩子的学习，更没给孩子报过补习班。相比而言，他更注重孩子的心理成长和对孩子独立自主意识的培养。在这种教育方式引导下，孩子总是能不断地给父母带来惊喜。而那些从幼儿园就开始辅导孩子写作业的父母，直到孩子升入高三，也无法摆脱辅导学习的"命运"，否则孩子就无法自主学习。

在过度追求分数而显得极为浮躁的教育环境下，多培养孩子独立自主的能力，孩子在未来能积极乐观地独立生活，这才是父母教育孩子最本质的目的。

> **思考**：在孩子成长的过程中，你扮演了什么角色？是否需要作出调整？具体应该如何调整？

找到适合孩子的黄金学习法，让孩子不怕学习

孩子与学习的关系，就像是"最熟悉的陌生人"。之所以熟悉，是因为孩子大部分的青春和光阴都与书籍为伴，在学习中度过；陌生则是指孩子常常因不得要领而处处"碰壁"。所以，若能找到适合孩子的黄金学习方法，改变学习的策略，那么学习中的"拦路虎"就会消失，让孩子从此不再惧怕学习。

一、PDCA 循环训练法：不用督导，孩子也能自觉学习

何为 PDCA 循环训练法？

PDCA 是英语单词 Plan（计划）、Do（执行）、Check（检查）和 Act（处理）的第一个字母组合。PDCA 循环训练法是指从制订计划到复盘并以此不断循环的学习方法，具体为：计划（Plan）、执行（Do）、检查（Check）和处理（Action）。

1. PDCA 循环训练法的四个阶段

它包含以下四个阶段，其中具体包含以下步骤。

（1）Plan：计划阶段

计划是目标管理的第一阶段，通过确定学习目标，制订实现该目标的具体方法和

第10章 让孩子成为自己人生的"建筑师"

具体的学习计划,它主要包含四个步骤。

步骤一:分析现状。

分析现状主要是基于自身的学习现状,对自己有更加清晰的认识,分析自己目前学习状态中存在的问题。

步骤二:分析原因和影响因素。

基于自己学习中已被发现的问题,找出产生的原因和影响因素。

步骤三:找出主要因素。

影响学习质量或最终学习结果的因素可能有很多,孩子需要从深层挖掘出其中最主要的原因。

步骤四:制订改善措施。

找出最主要的因素后,孩子需要"对症下药",制订出具体的改善措施,方法一定要具体,同时需要预估最终的效果。

(2)Do:实施阶段

该阶段只有一个步骤,就是严格落实执行所制订的计划,并在完成后进行小结,查看当天的计划是否完成。

(3)Check:检查阶段

通过自己检查或专项检查等方式,将执行之后的结果与预设目标进行对比,认真检查计划与执行结果。

(4)Action:处理

这个阶段相当于一个复盘的阶段,它主要包含两个步骤。

步骤一:总结经验。

对达到与超过预期效果的行动、计划加以肯定,并逐渐形成习惯,坚持使用。

步骤二:提出尚未解决的问题,再次循环。

认真分析未解决的问题以及未达到预期效果或效果不明显的行动、计划,并回到第一阶段。

第四阶段实则是整个PDCA循环训练法的关键所在,该阶段需要认真审视学习过程中存在的问题,并及时将其投入到下一个循环中,以推动PDCA循环训练法不断向前滚动。

2. PDCA循环训练法的特点

根据PDCA循环训练法的四个阶段,我们可以发现该训练法有以下几个特点。

（1）学习目标更加清晰、系统，可操作性更强

PDCA循环训练法可以帮助我们把学习的目标进行阶段性的划分，让整个学习目标、任务更加清晰，可操作性更强，同时最终的学习效果也变得可视化，能增强孩子的目标感，并提升他的成就感。

（2）阶梯式向前，不断前进、提高

PDCA循环训练法就像爬楼梯一样，每一个完整过程的完成都会推动下一个循环转向更高的阶梯，这样不断循环往复，孩子的学习效果也在不断地提高。

总体来说，父母引导孩子使用PDCA循环训练法时，最值得注意的是，父母首先要放宽心态，让孩子发挥主动性去制订计划并完成整个过程，让孩子不断试错，独立掌握学习的方法，而并非一味强调学习的重要性。

日本三谷宏治教授在《有限管教》一书中提到，他对自己孩子们的要求便是自己的人生需要自己负责，而不是一味依赖父母。他引导孩子采用PDCA循环训练法学习，让孩子小小年纪就有了责任意识和独立自主的能力，小到孩子自主安排游戏、玩耍的时间，大到孩子自己选择学校。

若父母把自己的目标强加到孩子的身上，不但不易达到效果，也让这个方法本身失去了意义。因此，明智的父母会引导孩子用好PDCA循环训练法，逐步培养孩子独立自主的能力。

二、SQ3R学习法：适用于多学科领域

SQ3R是一种高效的阅读方法，适合于精读教科书以及各种经典著作；同时，它也是一种备受孩子喜爱的学习方法，因为这种方法几乎没有任何门槛和限制，且人人都可以运用。这种学习方法的实用性及效果之所以这么好，还得从该方法的创作者说起。

SQ3R学习法是由美国麻省理工学院罗宾逊教授发明的。小时候的罗宾逊学习成绩非常差，尤其是对于英语的学习，反应迟钝，又记不住单词，每次被英语老师提问都会受尽同学的嘲笑。为此，他也常常感到痛苦不已。正因为有如此糟糕的一段学习经历，他深谙高效学习方法的重要性，于是长大后的罗宾逊教授便基于自己曾经作为差生的经历，有针对性地研究出了SQ3R学习法。

SQ3R是指，浏览（Survey）、提问（Question）、阅读（Read）、复述（Recite）、复习（Review）。

| 第10章 让孩子成为自己人生的"建筑师"

这种方法具体包含五个步骤，因此也被称为五步阅读法。

1. 浏览（Survey）

浏览是五步阅读法的第一步。在拿到一篇文章时，我们首先应大致浏览全文，确定文章的主要内容和框架。

在快速浏览时，可重点借助标题、副标题、图表名称、图例等信息，同时也可重点关注一些摘要、学习指南和学习任务，这样更有利于我们快速把握全文的主要内容。

2. 提问（Question）

尽量带着问题去阅读或思考，这样能有目的地阅读，提高阅读的效率。具体操作时，需要把握以下两点。

第一，自己有哪些问题？

自己的问题具体可以分为两类。

"我已经知道了什么？"例如，通过浏览，我大概知道了哪些是主题词，以及掌握了哪些其他的问题。

"我想要得到什么？"例如，在浏览的过程中，我产生了哪些问题，想继续探究哪些问题。

第二，他人有哪些问题？

"作者想告诉我们什么问题？"例如，在浏览时，应多关注作者的表述和观点，他提出了哪些问题，持有哪些观点，以及他是如何证明自己观点的。

"其他人有哪些问题，是否是用于引出作者的话题？"通常在段首，作者为了提出某个问题，会利用其他人的问题作为引子，若之后对于作者的观点把握得不是很清晰，在把握文章整体基调的同时，可以依据关键词，延伸与他人观点完全相反的观点或结论，有时这往往就是作者的观点。

3. 阅读（Read）

带着第二步的问题再次精读内容，此时孩子要学会划重点，在找到答案的地方画线，要注意把握阅读节奏，对于重难点部分，要适当降低阅读速度，仔细推敲。

4. 复述（Recite）

复述实则是对自己阅读效果进行检验，合上书本，查看是否能大概地复述文章表达的重点内容，对于文章中含义比较深刻的内容，或用得好的论证方法，或比较出彩的观点，可以进行总结、摘抄。

5. 复习（Review）

复习之于孩子知识掌握效果的重要程度不言而喻，前文所述的大脑记忆规律便是在提醒我们要科学地复习。

对于当天学习的内容，最好在当天进行复习记忆，晚上睡觉前也是再次记忆的好时机。在第 2 天、第 3 天的时候，适合对其再次快速记忆，直至熟悉，形成比较稳固的长时记忆。

同时，在复习的过程中，我们还可以借用思维导图来巩固记忆，利用自己当初提出的问题和做出的答案以及整理的笔记和内容，进行逻辑和脉络的再次梳理。

通过这样一个完整的过程，孩子会大大提高阅读效率与效果。SQ3R 学习法在使用初期可能需要花费较多的时间，但熟能生巧，只要不断熟悉，坚持使用，便可以稳步提升阅读速度和理解力。

原则上，SQ3R 学习法适合任何学科和领域，因为它的步骤比较简单，只要掌握其中的精髓，便可以利用它来进行多学科、多领域的学习。

三、LOVE 学习法：互助让学习更高效

LOVE 学习法，实则是一种与他人一起学习，合作、互助的一种学习方法。

LOVE 是英语单词 Listen（听）、Outline（写出提纲）、Verbalize（表述）和 Evaluate（评价）的第一个字母组合。

LOVE 学习法至少需要两人以上配合完成，具体包含四个环节。

1. 听（Listen）

同伴 A 在了解文章的基础上，用适当的速度完整朗读文章，同伴 B 则在这个过程中认真聆听 A 朗读的内容，对于有疑问的地方可以要求 A 重复，同时可以对 A 的朗读速度提出要求；对于 B 提出的相关疑问，A 也需尽量解答。

2. 写出提纲（Outline）

B 在听的过程中，需要用自己的方式记录关键词，目的是为了能在之后进行准确的复述，但切忌一字一句地进行长篇幅的记录。

3. 表述（Verbalize）

B 在完成简短记录之后，需要依据自己之前提过的问题与所记的笔记复述 A 朗读过的内容，表述过程必须详尽囊括朗读内容的所有要点。

4. 评价（Evaluate）

A 在 B 复述时，要根据自己朗读的内容对 B 复述成果的完整性和准确性进行评判，在 B 复述错误时，需要及时指出来，当 B 无法复述或卡壳时，A 应该给予 B 一些提示，以免 B 陷入记忆死角。

在 LOVE 学习法中，前两个环节是同时进行的，三、四两个环节也可同时进行。在这四个环节完成后，A 和 B 可以交换朗读者和倾听者的身份，**重复上述步骤**。

LOVE 学习法是在孩子之间展开的，可用于背诵课文，或理解、记忆知识，一组最多不超过 4 个人。这种学习方法更适合 3 年级以上的孩子，因为随着孩子逐渐长大，他们会更加渴望来自同龄人的认可和赞许。在学习过程中，孩子与同学之间的沟通技巧也会不断提升。

利用这种学习方法，孩子在互相鼓励的同时，又在相互监督，让他们能像玩游戏一样充满乐趣地学习，这样也会大大提高学习的成就感和效果。

四、PBL 项目式学习法：循序渐进

PBL 项目式学习是一种以孩子为主导的学习方式。在项目式学习中，孩子通过积极搜集信息和自主探索方案获取知识。它是以一种探索式的学习方式，将个人的兴趣与复杂、深入、长期的学习内容结合起来，让学习变成一件愉快且高效的事情。

例如，学习认识"蝴蝶"时，我们可以将"蝴蝶"视为一个项目。这个项目中包含丰富而又立体的学习素材，我们将遵循由浅入深的原则规划学习的步骤，步骤如下。

1. 认识蝴蝶

父母可以引导孩子听一听有关蝴蝶的歌曲，并向孩子提出问题，比如，"你能想到哪些与蝴蝶相关的事物？"这是一个开放式的问题，孩子可以任意回答，如草丛、鲜花、蜜蜂、阳光等，这能让孩子充分展开思考，并让孩子用联想的方法给自己营造一个熟悉的场景。

其次，利用蝴蝶的各种图片丰富孩子的视觉，并对孩子提出问题，比如，"说一说这些蝴蝶的相同点与不同点有哪些？"孩子们便会开始进行细致的对比。

比如，他们会留意到蝴蝶有不同的颜色，会观察到所有的蝴蝶都有触角……当他们能充分认识蝴蝶的外貌特征后，便可以对它展开进一步的认识。

2. 故事化

通过故事对蝴蝶所包含的信息进行丰富，如讲述化茧成蝶的故事，父母可以借助动画等方式给孩子展示这个过程，帮孩子更形象地理解蝴蝶的整个生命历程。

在此过程中，父母可以让孩子充分讨论自己观看蝴蝶生命历程后的感悟，不要对他们的思维加以任何限制。这个过程其实也在训练孩子对知识信息的理解能力，孩子在思考、讨论的过程中，还可能结合自身经历悟出很多道理，这样既学习了生物知识，也丰富了孩子的情感。

3. 通过活动加深记忆

父母可以引导孩子通过一些活动对所学的知识加深记忆。例如，通过画画、剪纸、做手工、捏彩泥的方式，用自我创造的成品形象地展示自己心中最美丽的蝴蝶。这个过程既锻炼了孩子的动手能力，又检验了孩子对新知识的理解程度和掌握程度。

4. 迁移拓展

父母可以这样向孩子提问："其他生物是不是跟蝴蝶一样呢？是具有同样的形态特征？还是生命历程一样？蜜蜂是怎样的？青蛙是怎样的？"这样能激发孩子强烈的探索欲，促使孩子用同样的方法探索其他事物。

PBL项目式学习并没有特定的步骤或内容，只是需要父母引导孩子确定一个主题，由主题发散开来，展开多维度的学习，它的核心和精髓是让孩子自主探索。

若孩子年龄偏大，那么可以给这种学习方法增加一些难度。例如，若探索的主题是斑马或鸟，则可以让孩子根据它们的形态特征大胆猜想它们生存环境的特点，随后尝试对推测的结论进行证实，从网络查询资料，或在保证安全的前提下亲自实践均可。最后，还可以基于前面的探索写一份报告。看似天马行空的举动，实则是检查孩子是否真正理解了所学到的内容与方法，并在此基础上进行更多的探索。

PBL项目式学习法能让孩子学会深度思考，并培养孩子深层次的学习能力以及解决问题的能力。父母可以训练孩子熟练掌握其中的精髓，并引导他们灵活运用这种方法来学习，以培养孩子独立自主的学习能力以及浓厚的学习兴趣。

> **练一练**：父母可熟练掌握以上四种方法，引导孩子进行学习。

| 第10章 让孩子成为自己人生的"建筑师"

点燃孩子对学习的浓厚兴趣，让孩子爱上学习

"兴趣是最好的老师。"——爱因斯坦

"儿童的时间应当安排满种种吸引人的活动，做到既能发展他的思维，丰富他的知识和能力，同时又不损害童年时代的兴趣。"——前苏联著名教育学家苏霍姆林斯基

"学问必须合乎自己的兴趣，方才可以得益。"——莎士比亚《驯悍记》

兴趣能够调动孩子学习的积极性，让孩子的思维处于最活跃的状态，进而使学习达到最好的效果。所以，要想让孩子的学习具有主动性，父母要点燃孩子对学习的浓厚兴趣。

一、让孩子获得成就感

比尔·盖茨说："没有什么东西比成功更能鼓起进一步求得成功的努力。"

孩子的学习过程也会存在价值衡量。成功能使孩子获得满足，哪怕是小小的成功，也能让孩子产生良好的感觉，并树立信心，产生学习热情，同时愿意持续努力下去。

因此，父母要想引导孩子自主学习，首先要让孩子在学习中找到价值感和成就感，只有这样，孩子才能获得源源不断的动力，并愿意不断为之努力学习。

父母在激发孩子学习兴趣时，需要掌握一些引导孩子的技巧和方法，具体有以下三种。

1. 不吝啬赞美

心理学家威廉·詹姆斯说："人类最深层的需要，就是渴望得到别人的欣赏和赞美。"孩子更是如此。父母在孩子的成长的过程中，要关注孩子生活的细节，当孩子做得好时，要抓住契机赞美他，让孩子能及时体会到成就感。例如，当孩子写了一篇作文时，可以夸夸孩子具体哪些点写得很精彩；当孩子读故事读得生动时，可以夸赞孩子的朗读感情与技巧；当孩子提出一个正确的观点时，要及时肯定、认可孩子。

2. 确定让孩子"跳一跳就能够得着"的目标

父母要根据孩子的状况，引导孩子自己树立"稍微跳一跳就能够得着"的目标。对于父母来说，制订计划是一件很简单的事情，但如何引导孩子主动地给自己制订计划才是关键。

孩子的计划通常都是在父母与孩子的对话中产生的，一位心理学朋友曾经跟我分享了一件事：她的儿子酷爱阅读，却意外地没有考进阅读A班，面对为此沮丧的儿子，朋友非常平静，没有责怪孩子，也没有质疑孩子的能力，只是询问孩子应该怎样才能考得好，孩子便认真思考起来，结合自己的情况给自己制订了阅读计划。

朋友对我说："即使是制订计划，也有窍门，要让孩子自己给自己制订计划，若我一味地给孩子讲道理，教导他应该怎样，那么这股力量永远不是他心中的动力，所以即使最终目标达成了，也无法激发孩子继续学习的动力，那么成就感之下的循环就断了链。"

所以，父母可引导孩子制定一些"跳一跳就能够得着"的目标，以激发孩子自主学习的动力。

3. 创设条件，让孩子获得成就感

父母要善于发现孩子的特长，根据孩子的兴趣爱好举行或参加相应的活动，让孩子获得成就感。

例如，与孩子一起做手工，做一些小发明，培养孩子的动手能力；与孩子一起做化学反应明显的实验，在激发孩子兴趣时，也让孩子获得成就感；带喜欢文体活动的孩子参加一些比赛，通过比赛来让孩子重视参与过程，若最终取得名次，也会让孩子更加有成功感。

二、在APP中探索学习的兴趣

父母在培养孩子的学习兴趣时，可以借用一些好用、好玩的APP工具来激发孩子的学习兴趣，让孩子以一种更轻松的方式高效学习。

1. 烧杯

烧杯，顾名思义是一款做化学实验的APP。它的创意是把手机变成一个"可用的烧杯"，让孩子可以随时随地做化学实验。这样不仅可以解决不便获得实验材料与工具的难题，还能让孩子远离化学用品与操作的危险，并避免试剂、药品的浪费，让学习变得简单、直观，又安全有趣。

打开APP，手机就变成了烧杯，APP内拥有150种化学元素，包括液态、气态和固态的化学物质。孩子可以自由选择组合它们并开始实验，进行摇晃、加热、加试剂、加盖等操作的尝试，观察它们在不同环境下发生的变化。

这种学习方式对于孩子理解化学反应、记忆化学现象和方程式有重要帮助，同

第10章 让孩子成为自己人生的"建筑师"

时,用该APP还能轻松查阅到中学化学常见物质的相关知识,方便孩子随时进行知识记忆。

2. 英语魔方秀

英语魔方秀是一个学习英语的APP,它的内容丰富有趣,包括英语电影、英语读物和相关英语课程等。孩子可以通过观看英语影视片段轻松学习英语,同时可以通过为英语片段配音进行口语练习。在完成英语配音后,APP内会生成相应的分数,并且自动标记出孩子发音不准确的单词,点击这些单词,就有正确读音示范,方便孩子及时纠错。

英语魔方秀最大的特点便是让英语学习过程告别了一成不变的书本式课程,多样化的形式更能轻松点燃孩子的学习兴趣,让孩子爱上学英语。

三、激发来自同龄人的力量

合作也能激发孩子的学习兴趣,这是基于孩子与生俱来的模仿能力。

通常,我们会发现,孩子与同龄人相处时,总会有意识或无意识地模仿自己的同龄人,对方玩什么,他也要玩什么。人们常说,多个孩子在一起时,一个原本不爱吃饭的孩子也会在其他孩子的带动下吃得很香。

这种特点也体现在学习中,合作式的学习能够营造一种更加积极的氛围,为孩子提供模仿他人行为的契机,而这种模仿行为又会反过来激发孩子的学习兴趣。

1. 合作的重要作用

首先,父母利用孩子爱模仿的特点对其加以引导,促使孩子在合作过程中模仿对方的正面行为,便能激发孩子的学习兴趣,让孩子在与同龄人的玩耍中学习。

其次,每个孩子的成长环境不同,见识不同,知识储备也存在差异,合作时激烈的讨论能促使孩子们相互取长补短,更能激发孩子学习、探索的兴趣。

最后,以团队合作的方式竞争获得某项荣誉时,又能激起孩子更强烈的成就感和荣誉感,让孩子更爱学习。

2. 如何引导孩子与他人合作

那么,父母具体应该如何引导孩子与他人合作呢?

(1)让孩子学会接纳他人

学会接纳他人是合作的前提。正如古语所言,"用人之长,天下无不用之人;用人之短,天下无可用之人。"每个人身上都有优缺点,父母应该从小教育孩子学会看别人的长处，接纳别人的缺点，这样孩子在与他人交往时就更容易接纳他人，更容易与他人愉快地合作。

要做到这一点，父母平时可以用故事启发孩子，同时父母需要以身作则，在人际交往中对他人多一份包容、尊重，身体力行地影响孩子。

（2）多带孩子参加团体性活动

虽然体育项目和游戏是比较简单的团队合作活动，但孩子在此过程中形成的规则感，能够很好地指导孩子之后更为复杂的合作学习。

一方面，父母可以多带孩子参加一些团体性的体育项目和游戏，如跳皮筋、打篮球、踢足球等，让孩子在体育合作的过程中学会欣赏他人，并在游戏中建立规则感，积累与他人相处的经验。

另一方面，父母可以鼓励孩子多参加团体性的学习活动，如与同学一起完成某些课题。孩子在此过程中可与同学一起选择研究专题，一起设计方案、搜集资料，一起进行试验或实地调研，最终获得合作成果。这本身就是一个有趣的过程，而在这探索的过程中，又会激发孩子产生更多的兴趣点。

> **练一练**：你认为应该如何点燃孩子的学习兴趣？请制订具体的方法，并落实执行。

后记　唤醒父母，点亮孩子

写作至此，书的内容实则已经接近尾声，此时我不禁思绪万千，感慨万分。心中有种说不清、道不明的感觉，既有欣喜，也有酸楚。我极力想梳理清晰这种情绪，但无数的回忆像放电影一样，一幕幕地呈现在我眼前，细微而又深刻……

在2009年以前，我还只是一位普通的英语老师，热爱我的职业，喜爱我的学生。每当站上讲台，我的内心充满感恩，我想将自己所学的知识全部倾囊相授。可心底总有一股暗暗的力量牵引着我，它指向更高、更远的地方，除了老师，我还想要办学，我想让千万家庭幸福地笑起来。为了实现自己的梦想，我毅然地踏上了自己的办学之路。

还记得辞职的前一个晚上，我辗转反侧，彻夜难眠。理性的声音告诉我，这条路绝对会走得很艰难，甚至有可能失败。而感性又告诉我，为了自己的梦想，就应该拼一拼。在感性打败理性，决定追寻自己的梦想之后，我开始结合自己的现状，理性地进行分析。我思考了这些问题：要完成梦想，第一步需要做什么？选择这条路存在哪些困境？我又该如何去克服和解决这些问题？就这样，我将优势、劣势、具体措施、待解决问题逐一列出，足足写了几页纸，然后又针对一项项问题寻求解决方案。那是我人生中第一次深刻地思考，但也就是那一次深刻思考后作出的决定，彻底改变了我的人生轨迹。

创办优实力教育的初期，因为缺少资金，我租了一间房，白天它是我的办公室，晚上打上地铺它就成了我的家。那时候，我一天上8小时的课，晚上要接待家长咨询，做完这一切之后，我还要准备第二天的课程内容，这一切都是为了给学员们提供高质量的内容输出。因为我在成立优实力教育的那一刻，就立志："我创办的企业一定要赢得社会的认可与尊重。"创业是艰苦的，在创办优实力的前两年，我几乎没有在凌晨两点之前睡过觉。学员们的信任、成长和改变给我提供了源源不断的动力，他们的每一次肯定让我的每一步都走得那么坚定。

随着学员们越来越多，我也不再是孤身一人战斗，我有了更多有着相同梦想的同事与我一起并肩前行。秉承着做最优质教育的初心，我脚踏实地地践行着自己的梦

亲子关系中的高效学习法

想,优实力从1家校区发展到3家、8家、10家……稳步的发展让优实力在全国竞争最为激烈的个性化细分行业里,成为业内诸多同行的标杆和学习榜样。

而随着教育行业的大发展,无论是K12[①]还是幼儿教育,行业竞争越来越激烈。但我们一直坚信:"我们做教育就是要付出爱与奉献,我希望通过优实力这样一个平台,让我们这些教育人欢聚一堂,将教育的智慧汇集起来,用智慧启迪智慧,用行动影响行动。"

转眼间,我身处教育行业已长达十多年。在这十多年里,家庭教育在快速迭代,我也在不断学习、成长。尤其是在"双动力教育"的课堂上,与千万家长、孩子的共同学习与互动,让我受益良多。加之,前几年女儿的出生,让我在诸多身份中多了一个更重要的身份——妈妈。为人父母,我更能真切地感受到全天下父母心中的甜与酸,每次看到一些父母满怀期望地找到我,就又坚固了我的梦想:"唤醒父母,点亮孩子!让自己笑起来,让孩子笑起来,让千万家庭幸福地笑起来!"这也成了动力学社人的使命和愿景。

因此,我想将我多年来总结出的教育经验以书本的方式与所有父母分享,希望能对父母有所启迪,有所帮助。在我看来,亲子关系是一切关系的根,只有搞好亲子关系,所有的问题才能迎刃而解。

最后,我要感谢一直以来所有支持我的学员们,是你们的一路陪伴,给予我源源不断的动力,是你们的每一次信任,给了我坚守梦想的勇气。

同时,我也要感谢本书的小小插画师,他们分别是"少年品格营"的学员兼小组长孙艺嘉;学员刘怡畅、丁佳一;还有我最爱的女儿——庄梓夏。感谢相遇,感恩缘分。

最后的最后,我也要感谢此刻正在阅读的你,感谢你选择了这本书,感谢你认真地阅读这本书的一字一句,而对我而言,能为你提供帮助,便是我最大的幸运。

[①] K12,教育类专用名词(kindergarten through twelfth grade),是学前教育至高中教育的缩写,现在普遍用来代指基础教育。